사람이 무엇이기에

정 인 모

사람이 무엇이기에

초판 1쇄 2024년 2월 15일
지은이 정인모
발행처 도서출판 카리타스
주소 부산광역시 동구 중앙대로 298(초량동) 부산 YWCA 304호
전화 051)462-5495 팩스 051)462-5495
등록번호 제 3-114호

ISBN 978-89-97087-78-5

사람이 무엇이기에

정 인 모

도서출판 카리타스

순례자의 노래

구석구석까지 미치시는 주님의 손길..

주님의 인도하심과 만지심은 구체적이고 디테일합니다. 거대 담론이 아니라 일상을 이끄시고 보호하시는 숨결입니다. 디테일한 것이 인간적이라 보통 얘기하지만, 하나님의 관심과 섭리는 내 생활하나하나, 내 생각 끝까지 관여하십니다.

지난날을 되돌아볼 때 그분의 손길이 거치지 않은 곳이 없습니다. 지금의 내 존재 자체만으로 주님께 감사와 영광을 돌립니다.

세월이 훌쩍 지나 어언 60대 중반이 되었습니다. 올해 2024년은 의미 있는 해입니다. 33년간의 교수 생활을 마감하는 해이기도 하고, 20년간의 장로직을 사임하는 해이기도 합니다. 그리고 하나님을 알고 내성교회에 출석한 지 일 년이 모자라는 50년 되는 해입니다. 한 치의 오류도 없이 꼼꼼하게 챙겨주신 하나님께 더 이상 무슨 소원이 있겠습니까?

순례자의 노래는 생명이 있는 한 계속됩니다. 앞으로 남은 길을 달려갈 때도, 나를 구원하시고 지키시는 신실하신 주님이 여전히 이끄시고 힘 주시리라 믿으며 오늘 하루를 살아갑니다.

요즘 번역 중인 책이 한 권 있습니다. 『행복의 철학』이라는 제목의 책입니다. 독일의 현대 지성이라고 할 수 있는 루드비히 마르쿠제의 역작입니다. 저 유명한 『일차원적 인간』, 『에로스와 문명』의 저자 헤르베르트 마르쿠제와는 형제가 아닙니다. 다만 두 사람다 같은 시대에 활동한 유대인입니다. 행복을 찾기 위해 우리 인간은 고대로부터 무척 애를 써왔습니다. 이 책을 번역하면서 나에게 행복의 순간은 어느 때였나, 나의 행복은 무엇이었나 생각해 봅니다.

나에게도 별의 순간이 있었습니다. 예수님과의 만남, 아내와의 결혼, 대학 교수 발령 등을 들 수 있을 것입니다. 내가 또한 가고 싶었던 마지막 단계의 길을 다 갈 수 있다면, 나는 살면서 온갖 행복을 누리는 사람일 것입니다.

이 책은 2020년에 나온 『먹이시고 입히시나니』의 후속편이라할 수 있습니다. 『먹이시고 입히시나니』에서는 유년 시절부터 하나님을 만났던 청년 시절까지의 얘기가 들어갔다면, 이 책에서는 그 이후의 삶의 국면들을 짧게 정리해 보았습니다. 자신의 삶의 무게도 떨쳐버리지 못하는데 남의 인생사에 무슨 관심을 가질 수 있겠습니까? 하지만 그러기에 이런 자전적 글은 자기 삶의 편린을 정리하는 의미를 지닙니다.

이번에는 책의 구성을 3단계로 나누었습니다. 위에서 밝힌 대로 1부에서는 내 인생 이야기, 2부에는 '인간의 상태'라는 제목으로 현대 인간의 상황을 에세이식으로 풀어보았고, 3부에는 기독교 관련(주로 경건주의) 논문을 4편 실었습니다. 이 책이 단일한 성격을 띠지 못하고 잡다하게 구성되어 있다는 느낌을 주지만, 글의 형식을 자유롭게 넘나들고 있다는 면에서 요즘의 트렌드에 살짝 기대고 있다고 말하면 자기 합리화일까요?

아무쪼록 이 책을 읽으시는 독자는 이 글로 인해 잠시나마 행복의 순간을 느끼시길 바랍니다.

오직 주님께 영광!!

2024년 2월 정인모

1부
돌베개

선택

"때로는 올바른 결정이 존재하지 않을 수도 있다. 잘못된 것
하나를 선택해야 할 때도 있다."(모니카 마론)

1978년에 부산대학교 사범대학 인문교육계열에 입학할 때만 해
도 독일어를 전공하리라 생각하지 못했다. 1학년 때 계열로 입학하
여, 세 반으로 배치된 학우들은 2학년 때 진입할 학과에 신경을 썼
다. 심지어 도서관에서 그날 배운 내용을 복습하는 친구도 있었다.
입시로부터의 해방감과, 원하는 학과로의 진입 사이에서 적지 않은
갈등이 있었다.

당시 국립대학 사범대 출신은 임용고사 없이 의무적으로 교직 발
령, 복무해야 했고, 당시 어느 학과를 가도 교사 발령을 받을 수 있
었지만, 그래도 원하는 학과 진입은 중요한 사안이었다. 말이 좋아
적성에 맞는 과를 택하지, 결국은 1학년 학업 성적으로 학과 진입을
결정하는 것이 학부제의 맹점이었다. 총 120명 중 영어과 1차 지망
생이 80명가량 되었고, 국어교육과를 비롯한 그 외의 학과는 경쟁
없이 희망대로 학과를 배정받을 수 있었다. 나는 영어과를 1지망으

로 했지만 30명밖에 뽑지 않는 바람에 밀려 2지망 독일어과에 배정받았다. 등수를 보니 30등이었다. 30등이 2명이라 당시 지도교수였던 독일어과 교수님 권유로 독일어과로 가긴 했는데, 학교 측에서 보자면 교통정리가 순탄하게 된 셈이었다. 영어과 끝 순위가 독일어과 수석이라니... 적성에 따른 전공선택이라는 학부제의 허상이 그대로 드러나는 순간이었다.

이런 연유로 학교에서 4학년 졸업 때까지 전액 장학생으로 추천하겠다며 서류를 구비하라는 연락이 와서 서류를 갖추어 학교에 가니, 그 장학금 수혜자는 다른 학생으로 바뀌어 있었고, 나는 한 학기 장학금으로 만족해야 했다. 순진한 청년이 사회의 부조리(낙하산)를 처음으로 경험하는 순간이었다. 그런데 당시 장학금 수혜자를 좀생이처럼 인식하는 경향이 있어 그것 자체가 주변에 크게 자랑할 만한 일은 아니었다. 한 학기 전액 장학금이라 해도 아르바이트 한 달 월급 정도밖에 안 되었지만, 원치 않는 학과 진입에 약간의 위로는 되었던 것 같다. 나이드신 어른께서 남포동 어느 건물 꼭대기 층에서 직접 장학금을 수여했는데, 지금 생각해 보면 젊은이들을 격려하며 적지 않은 금일봉을 하사하는 그런 좋은 분들이 계셨구나라는 생각을 하게 된다. 어쨌든 독일어과 진입으로 장학금은 받았지만 원했던 영어를 전공하지 못한 아쉬움은 지울 수 없었다.

학과 배정이 발표되는 날 아침, 교회에 나가 기도를 하였다. 그런데 이상하게도 영어과나 독일어과 중 어느 과에 배속되든지 하나님 뜻으로 받아들이자는 마음이 생겨났다. 아무도 없는 1층 교육관, 그

곳에서 얼마나 많은 기적을 주님께서는 행하셨는가? 중요한 결정을 할 때마다(대학 진학, 대학 전공 선택, 길바닥에 나앉았던 친구를 돕기 위한 구호 작업, 그리고 가장 중요했던 결혼 문제..) 그곳에서의 기도는 내가 하나님 앞에서 벌거벗고 단독자로 서게 하셨던 은총의 시간이었다.

　2학년에 올라가면서 본격적인 독일어 전공 수업을 들었다. 고교 때 독일어를 배워 아베체데(abcd)는 알고 시작했지만, 첫 시간부터 바로 대하는 독문 해독 수업은 녹록치 않았다. 그런 가운데 독일 문학이 주는 매력은 점점 커져갔다. 영어 외에 외국어를 하나 더 한다는 의미도 있었고 번역본으로 즐겨 읽었던 헤세 작품이나 카프카 작품을 원어로 읽으니 얼마나 감동적인지.. 서서히 나도 모르게 문학청년이 되어가고 있었다. 당시 서울 명동 사보이 호텔 옆 소피아 서점이 국내 유일의 독문 서적 판매처였는데 서울까지 올라가서 싸지 않은 독일어 서적을 사볼 정도로 독일 문학에 푹 빠져들었다. 헤르만 헤세, 라이너 마리아 릴케, 아이헨도르프, 카프카 등의 주요 작품을 서투르게나마 읽어가는 재미가 컸다.

　결과적으로 독일어과를 잘 택했다는 생각이 들었다. 더구나 독일 문학에는 기독교의 무궁한 보화가 숨겨져 있어서, 교수 말년에 그 부분을 연구하고, 특히 신학을 연구하는 데 독일어 지식이 큰 도움이 되었음은 물론이다.

낯선 곳에서

"그는 너희들보다 먼저 그 길을 가시며 장막 칠 곳을 찾으시고
밤에는 불로, 낮에는 구름으로 너희가 갈 길을 지시하신 자이시니이다"
(성서 신명기 1:33)

  우리 세대의 대학 생활은 순탄하지 못했다. 시대의 아픔을 견뎌내기가 호락호락하지 않았다. 1979년 10월 항쟁으로부터 1980년 5월 서울의 봄까지는 우리 대한민국의 운명을 결정짓는 격변의 시기였다. 유신의 광기가 운명을 다하기는 했지만, 새로운 군부 독재 체제는 온 세상을 암흑의 심연 속으로 빨아들였다. 어렵게 찾아온 온전치 못한 자유마저 신군부 출현으로 좌절되었고, 이로 인한 무기력감은 자기 검열의 자책감과 교차되어 마음을 혼란스럽게 했다.

  1980년 5월의 학교 축제 기간을 이용해 졸업여행을 가기 위해 부산진역에 도착했을 때, 호외로 뿌려진 전단지에는 '대학 휴교령'이 박혀있었다. 이 휴교령은 전국 계엄령 선언의 일환으로 신군부 세력의 극단적 조치였다. 찜찜한 마음으로 우리는 충청도 쪽으로 여행했는데, 무슨 연유인지 마지막 코스로 전남 남원을 택했다. 그날이 사월 초파일이라 숙소에 짐을 풀고 가벼운 차림으로 절 구경을

가는데, 라디오에서 광주사태에 관해 보도하였다. 나중에 알게 되었지만, 그날은 5.18 광주 민주화 운동이 발발한 지 3~4일 되던 때였다. 이런 엄청난 역사적 비극이 바로 옆 도시 광주에서 발생한 줄은 전혀 알 수 없었다. 단지 시민군이 무기를 탈취하고... 등의 내용이 라디오에서 보도되기 시작했다. 시국이 심상찮음을 느끼고 우리는 바로 다음 날 새벽에 남원을 떴다. 나중에 보니 다른 과 학생들도 광주를 거쳐 여행할 때 아슬아슬한 순간을 벗어났다고들 했다.

3학년 당시 군인들이 우리 학교 교문을 지키고 있어, 등록금을 내고서도 장갑차가 막고 있는 학교 정문을 통과하지 못하니 이런 아이러니가 있을 수 있는가! 결국 1980년 2학기에 들어서야 학교에 갈 수 있었고, 따라서 1학기 과제는 우편으로 받고 제출하는 사상 초유의 일이 발생하였다. 요즘 '서울의 봄'이라는 영화가 인기라는데, 이 시대 풍랑의 중심에 있었던 우리들은 너무나 생생하게 이 장면들을 기억할 수 있다.

1학년 때는 계열로 들어와 독일어 공부를 거의 하지 못했고, 2학년 때는 부마사태, 3학년 때는 서울의 봄 이후 휴교령 등으로 대학 생활은 순탄치 못했다. 어느새 4학년이 되었고, 그해 2월에 35여 년간 교직에 봉직하시고 정년퇴임을 1년 남겨놓으셨던 부친께서 간경화로 돌아가셨다.

4학년 신학기 들어 얼마 되지 않아 교생실습을 나가게 되었는데, 평생 교단에 서는 게 꿈이었지만 아는 게 너무 부족하다는 생각에 일단 대학원에 진학하기로 마음을 먹었다.

이후 고시 준비생들이 주로 들어가는 학교 공부방(청고당)에 들어가 대학원 시험 준비를 하였다. 독일문학을 본격적으로 공부하기 시작한 것이다.

원하던 대학원에는 못 갔지만 일단 서강대학교 대학원에 진학했다. 새로운 환경에서 시작하는 대학원 공부는 기대보다 훨씬 만족스러웠다. 내가 사대 출신임을 아신 지도교수께서 직장까지 주선해 주셔서 교직과 대학원 수업을 병행할 수 있었다. 아, 그토록 그리던 교사 생활을 일 년간 할 수 있는 행운을 누리다니! 기말 과제를 써 내야 할 즈음에는 무슨 사약 마시듯 독한 커피를 한 사발 들이키면서 밤을 꼬빡 새워 공부한 적이 많았다. 석사 1학년 마치고 2학년 올라갈 때는 도저히 직장과 대학원 둘 다를 감당하지 못해 교사직을 내어놓고 논문 작성에만 집중했다. 무사히 독일 작가 하인리히 뵐 연구로 석사학위를 받을 수 있었다. 병역 문제가 해결되지 않은 상황에서 기한 내 석사 논문 통과는 무엇보다 중요한 일이었다.

낯선 서울에서의 2년 생활은 정말 많은 것을 경험할 수 있는 기회였다.

고교 교사 시절과 관련하여 기억에 남는 게 몇 가지 있다. 축구 조기회를 만들어 고교 은사였던 김장근 선생님을 회장으로 추대하여 즐겁게 운동하였던 일, 성탄 전야에 같은 교회에 나가던 크리스천 학생들 6명을 추운 내 자취방에 초청해서 삼겹살 구워 먹으며 기타 치며 밤새도록 크리스마스 캐롤을 부르며 행복한 시간을 보내던 일.

불도 때지 않은 추운 방에 모여...

부산에서 올라와 내 자취방에서 하룻밤을 보낸 분들에게 감기를 선물하기도 했다. 10월 말 하숙방에서 자취방으로 방을 옮겼을 때 불을 때어보니 연탄가스가 올라오는 게 보였는데, 이러다가 객사하겠다 싶어 그해는 전기장판 하나로 서울의 겨울을 버텼다. 외풍이 얼마나 차가운지, 주인집 거실 온도가 더 높아서 방문을 열어놓고 자기도 했을 정도니, 손님들이 감기 걸리지 않을 수 없었다. 난방이 되지 않는 서울의 밤, 상상이나 할 수 있겠는가? 이 후유증은 6개월 이상 간 것 같다.

대학원의 학풍은 자유롭고 내실이 있었다. 몇 가지 사실에 놀랐는데, 당시 서강이 자랑하던 도서관 시스템이 특히 인상적이었다. 지금은 대부분의 대학 도서관이 개가식이지만 당시에는 서강이 유일했다. 대출할 책들을 미리 보고 빌릴 수 있는 국내 유일의 개가식 도서관이었던 것이다.

대학원 공부와 교사 생활을 겸한다는 건 힘들었다. 가끔 동료 교사에게 축하할 일이 생기면 함께 어울리지 않을 수 없었고 그러다 보니 학업을 병행하기가 쉽지 않았다. 방과 후에는 주로 학생들과 도서관에서 같이 공부했는데, 따로 공부할 책상을 마련해주시고 늘 격려해주셨던, 당시 숭실고 도서관장이셨던 한반석 장로님이 지금도 생각난다. 지금은 소천하셨겠지만...

석사 2학기 과목 중 한 과목은 당시 안식년이었던 지도교수 대신

타 대학에서 강의 오신 분이 담당하셨는데, 200자 원고지로 제출한 과제물이 붉은색의 **빽빽한** 수정 요구로 피드백 되어왔다. 자신 있는 과목도 아닌 데다가 과제를 내가 너무 방만하게 작성한 것 같아서 그런 혹독한 지적이 합당하다는 생각은 들었다. 하지만 얼마나 자존심이 상하던지! 학업을 그만둬야 하나? 서울까지 와서 이게 무슨 꼴이냐? 나는 공부할 머리가 아닌가 보다 등등의 생각으로 그렇게 자존심 상하고 속상할 수가 없었다.

결국 나는 그 과제물을 화형 처리하기로 했다. 자취하는 집이 단독 주택이었고 정원이 제법 넓었는데, 대문 안쪽 공터에서 리포트 과제물에 성냥불을 그었다. 활활 타오르는 과제를 보며 결심했다. 좌절하지 않겠다! 다시 일어서리라! 혼자 치르는 화형식은 장엄했다. 어떤 난관이 있어도 이겨낼 거라 결심하였던 그때의 화형식 장면을 생각하면 지금도 미소 짓게 된다. 처음이자 마지막인 나만의 화형식, 지금 생각해도 참 특이한 장면이었다.

이어 교직을 사직하고 자취 생활도 청산하고 학교 앞에 하숙집을 얻어 석사 2학년 과정과 논문 작성에 올인할 수 있었다.

별의 순간들

"네가 믿는 바 그 믿는 것이 무엇이냐?"(이사야 36:4)

당시 소위 석사장교(예비역장교) 제도로 군에 갔으니 남들보다 특혜를 받은 셈이다. 대학 1학년 병영 훈련 열흘 간 얼마나 힘들었으면 우리 모두는 이미 군대 생활 알레르기 증세를 갖고있었다. 나는 석사장교 시험에 합격하여 영천 제3사관학교에서 4개월 훈련, 전방 3사단(백골부대)에서 2개월 간 실습, 그리고 소위로 임관받는 것으로 군 생활을 마무리 할 수 있었다.

축구로 단련된 몸이라 구보에는 자신이 있었지만, 그 밖의 군대 환경은 나에게 무척 낯설었다. 규율과 절도를 강조하는 군 생활 자체가 생리적으로 전혀 맞지 않았다. "그래도 국방부 시간은 흘러간다!" 어쨌든 영천에서 훈련을 마칠 때는 체력이 많이 좋아진 것 같았고, 특히 영하 25도까지 내려가는 겨울 기온에 두 달 동안 실시된 철원 3사단의 실습은 인생에서 색다른 경험이었다.

나름대로 힘든 군 복무를 마친 후 나의 원래 계획은 독일 유학이었다. 사실 하이델베르크 대학 등 독일의 5개 대학으로부터 입학허가를 받아놓은 상태였다. 그런데 석사 장교 휴가 때 만난 부산대 은사님들이 학과 조교 1년 봉사 후 유학 가라고 권면하셔서 유학을 미루게 되었고, 또 조교 생활하는 중, 국내에서 박사 학위를 하라는 은사님 말씀에 결국 국내에 남아 학위 과정을 계속하기로 결정했다.

대학원 수학으로 떠나 있던 모교에서 조교로 재직하면서, 나는 학생들에게 많은 도전을 권하고 싶었다. 그래서 '논문 작성 방법' 특강을 하는 등, 학생들을 성심성의껏 지도하여 학생들이 우물 안 개구리가 되지 않도록 최선을 다한 것 같다.

당시 학내뿐 아니라 사회 정치권에서는 민주화에 대한 열망이 높았고, 학생 시위도 잦았다. 이런 일이 있었다. 일요일에 학생 시위가 있어, 지도 차원에서 전 직원 출근 지시가 학교에서 내려왔다. 당시 교회 주일학교 교사와 성가대를 봉사하던 나에게는 갈등 거리였다. 아무 의미 없는 출근! 나는 결국 주일학교 봉사와 예배를 다 마치고 오후에 출근하였다. 당시 조교는 교수 말씀에 무조건 순종해야만 했는데, 느지막한 출근으로 화가 나신 학과장 교수님으로부터 호되게 야단맞았다. 하지만 속으로 미소 지을 수 있었던 유쾌한 항명이었다.

박사과정은 유학하지 않고 국내에 있는 대학에서 밟기로 했다. 조교로 근무하는 동안 박사과정을 밟을 수 있도록 배려해 주신 학과 교수님들이 너무 고마웠다. 당시 토요일까지 수업이 있었지만, 금토 양일 간은 박사 수업으로 서울 가는 걸 기꺼이 허락해 주셨다. 서울에서 하루 지낼 숙소는 처형댁이었다. 늘 따뜻하게 맞아주신 그분들 은혜를 어떻게 보답할 수 있으랴?

2년간의 조교 근무를 마치고 드디어 고난의 강사 생활로 접어들었다. 5년간의 짧지 않은 강사 시절은 정신적, 육체적, 경제적으로 혹독했고 막바지에는 거의 탈진 상태가 된 듯 했다.

하지만 유학 가지 않고 국내에서 공부한 덕에 좋았던 한 가지는, 결혼을 할 수 있었다는 것. 조교 2년 차 가을, 10월 1일에 결혼 상대자인 지금의 아내에게 정식 프러포즈하고 10월 31일에 결혼 날짜를 정했으니, 한 달 간의 드라마틱한 작품의 감독이 되어주신 주님께 감사 드린다. 지금은 좀 나아졌지만, 당시 6살 연상의 아내과 결혼한다는 건 쉽지 않은 일이었는데, 이 불가능한 일을 가능하게 하신 하나님께 감사드렸다. 이 긴 한 달 간의 사건과 고뇌를 풀어 놓으면 두툼한 책 한 권은 족히 되리라.

어느새 가장이 되어버린 상황이었지만, 강사 생활로 한 가정의 경제를 책임지는 건 어려운 일이었다. 당시 강사료가 국립대의 경우는 시간당 4,500원이었다. 위축된 생활 속에서도 열심히 돌아다니며 강의하고 그사이 박사 논문도 준비하여 완성하게 되었다. 결국 집중력이 중요했다. 여러 학교에서 강의하고 박사 논문 쓰고, 애들

아프면 병원에 데리고 가고, 심지어 그때 운전면허까지 땄으니, 집중력 하나로 여러 가지 일들을 해냈던 것이다.

집사람이 직장 생활하는 덕분에 의료보험을 비롯한 모든 가계를 아내에게 의존하고 있던 중에 전임강사가 되었다. 집사람 통장에서 천원 단위까지 끌어다 쓸 수밖에 없었던 시간 강사 시절을 마감하게 되어 너무나 감사했고, 무엇보다 낙천적인 성격이 피폐해져서 나 자신도 너무나 안타까웠는데, 전임되기 일 년 전부터 매일 아침 아내와의 큐티와 기도가 나를 구렁텅이에서 구해주었다. 너무나 감사! 감사!

당시 대학에 전임강사가 되는 걸 별을 따는 것이라고들 말했다. 5년간의 지난한 강사 생활을 마감하고 모교에 전임이 된다는 것보다 행복하고 감사한 일이 있을까? 하나님이 주신 직장, 거의 굴곡 없이 평탄하게 혹독한 강사 생활을 끝낼 수 있었다.

국내 박사학위자로 이 전공 분야에 교수 된다는 게 쉽지는 않았는데, 전임이 됐으니 더욱 성실히 교수 생활을 해야겠다는 생각뿐이었다.

석사 논문은 하인리히 뵐을 다루었으나, 박사 논문에서는 토마스 만을 연구하라는 지도교수의 제안에 토마스 만을 붙들고 1년을 꼬빡 헤매다니…(토마스 만은 자료뿐 아니라 시대와 관련한 문학적 깊이 때문에 단기간 섭렵하기가 쉽지 않을 것 같았다) 결국 하인리히 뵐 연구로 박사 논문을 쓸 수 있었는데, 취직을 위한 선택이기도 했지만 뵐의 문학 세계를 더 깊이 이해할 수 있는 기회가 되었다.

독일로, 독일로

"내 앞날은 주의 손에 달렸으니."(시31:15상)

독일을 한 번도 다녀오지 않는 사람이 독일어과 교수가 되었으니... 이를 만회하기 위해 무척이나 독일을 자주 간 것 같다. 내 조카는 독일에 가고 싶어 고등학교 때 꿈에서 독일어로 말했다던데, 나는 그 정도까지는 아니었지만 독일에 가는 꿈을 꾸기도 했다. 교수가 되기 전 장학금으로 독일에 갈 기회가 있었지만, 여건이 안 되어 포기한 적도 있었다.

드디어 92년 6월, 독일 땅을 밟게 되었다. 처음 가는 독일행이라 설레었고, 뮌헨을 본거지로 하고 주로 독일 및 유럽 여행을 다녔다. 당시에 독일 곳곳에 지인들이 있어 독일을 한 바퀴 돌 수 있었다. 레겐스부르크, 베를린, 브레멘, 뮌스터, 쾰른, 자브뤼켄, 콘스탄츠 등 독일 전역에 친구나 지인이 흩어져 있어 사람들도 만날 겸 독일 일주를 하였다. 그리고 독일뿐 아니라 오스트리아 인스부르크와 이탈리아 피렌체, 로마도 여행했다. 무엇보다 뮌헨에 체류하며 독일 및 바이에른주의 독특한 문화를 처음으로 느낄 수 있었고, 당시는 독일이 통일 직후라 베를린 같은 곳은 약간 어수선한 면이 있었지만, 외국인이 많지 않던 터라 색다른 경험을 할 수 있었다.

95년의 독일 방문은 3년 전과는 많이 달랐다. 한 살이라도 젊었을 때 독일 언어와 교수법을 향상시키기 위해 로텐부르크에 있는 괴테 인스티투트의 3개월 집중과정에 등록했다. 로타리 장학금 지원을 받아 갔기 때문에 경제적으로는 여유가 있는 편이었다. 독일어 교사 연수로 오신 선생님들과 또 어학연수 온 대학생 등, 한국 사람들이 꽤 되었다. 그중 많은 사람이 크리스천이어서 자주 모이곤 했는데, 지금까지 모임이 계속 이어지고 있으니 참으로 대단한 만남이요 인연이었다. 10년 전에는 로텐부르크 만남 20주년 기념 방문, 작년에는 30주년 기념 방문을 하기도 했다. 이 모임의 구심점 역할을 한 사람이 당시 로텐부르크 지역 교회를 시무하시던 뎅커 목사님이셨다. 더 자세히 말하자면 뎅커 목사님 부인인 박옥희 목사님 덕에 우리의 친교가 활발해졌고, 그때 소개 받은 성경 큐티 교재(BLZ) 덕분에 교류의 끈을 이어갈 수 있었다.

박옥희 목사님은 60년대 초반에 간호사로 도독하셔서, 이후 신학을 하고(경건주의 요람인 리벤첼 Liebenzell 대학 졸업) 목회를 하시게 되었는데, 슈투트가르트, 부퍼탈, 졸링엔 한인교회를 개척하시고 독일 한인들의 신앙을 돌보기 위한 여러 중책을 담당하셨다. 뒤늦게 50대에 독일 루터교 목사인 뎅커 목사님과 결혼했고 지금 바이에른

주 콜럼벡에 거주하고 계신다. 박목사님은 독일에서도 인정받아 2000년 요하네스 라우 독일 대통령에게서 독일연방공화국 십자공로훈장을 수상했다.

지금은 아흔이 다 되어가는 연세인데도 목사님 댁의 손님 방은 일년 내내 각국에서 온 손님들로 북적거린다. 복음을 위해 섬김의 도를 다하는 목사님에게서 방문자들은 그리스도의 사랑을 깨닫게 된다.

1997~98년 1년 동안은 가족 모두 바덴 주의 칼스루에에 거주하였다. 칼스루에 대학 독문과 교수인 크놉 교수님 초청으로 그곳에 가게 되었는데, 1년 간 가족들이 함께 갔기 때문에 안정된 체류가 가능했다. 아이들은 어려서 독일 초등학교에 다녔고, 주말이면 자동차로 하이델베르크 등 가까운 명소를 다녀올 수 있었다. 98년에 외환위기가 와 약간의 어려움은 있었지만 무난하게 잘 버텨냈던 것 같다.

2002년에는 DAAD 장학금으로 쾰른을, 2006년부터는 베를린을 방문하는 등, 더 자주 독일 방문 기회를 가졌다.

2010년에는 한 해 동안 베를린 훔볼트 대학에 장기파견을 갔다. 이미 대학생이 되어버린 자녀들과 함께 사는 주거 문제로 고생을 좀 했지만 모든 게 잘 해결되었고 계획한 일도 잘 마무리할 수 있었다. 독일도 통일한 지 20년이 지난 후라 여러 가지 환경도 많이 달

라지긴 했지만 변하지 않는, 좋은 것들이 더 많아 독일의 생활은 평안했다.

무엇보다 베를린 소망교회에 출석하게 된 게 하나님의 은혜였다. 13년 전 장기 파견으로 칼스루에에 갔을 때 교회 문제로 너무 힘들었던 걸 생각하고, 한인교회를 먼저 순례해 보기로 했는데, 두 번째 방문한 곳이 소망교회였다. 성가대의 찬양뿐 아니라 목사님 설교 말씀에 너무 은혜 되어 자연스레 그 교회로 결정하게 되었다. 1년간 성가대원으로 봉사하기도 하고 성도님들과 너무나 좋은 교제를 할 수 있어서 감사했다. 지금도 그곳에 시무하시는 김성규 목사님 말씀은 지금까지 여러 목사님들의 설교 말씀과는 차원이 다른 면모를 보여주었다. 그래서 그 이후 베를린 출장 갈 때마다 새벽기도 말씀에 은혜 받으려고 교육관 근처에 호텔을 잡기도 하였다.

2017년은 전후 독일 문학을 대표하고 노벨문학상을 수상한 하인리히 뵐이 탄생한 지 100주년이 되는 해였다. 독일뿐 아니라 우리나라에서도 한국 하인리히 뵐 학회 중심으로 많은 기념행사가 치러졌다. 나는 뵐 탄생 100주년 준비 위원장을 맡아 한국에서도 학술대회를 비롯한 몇 차례 행사를 주도했고, 독일에서도 DAAD 지원을 받아 뒤셀도르프 뵐 학술대회를 비롯한 여러 대회에 참가하였으며, 하인리히 뵐의 아들 르네 뵐과도 교분을 쌓았다.

2023년 1월의 독일 방문은 큰 의미가 있었는데, 한국 최초의 개신교 선교사 칼 귀츨라프에 대한 강연을 독일에서 했기 때문이다.

약 40명의 독일인들 앞에서 독일어로 강연하기가 수월하지는 않았지만, 준비된 원고로, 또 뎅커 목사님 사회로 모든 것을 잘 마칠 수 있었다. "1832년 그때는 독일인 당신들이 우리를 깨웠고, 2023년 지금은 우리가 당신들을 깨웁니다."

그해 여름에는 28년 전 로텐부르크에서 처음 만났던 로텐부르크 회원들의 30주년 기념으로 2년 앞당겨 독일을 방문하였다. 당시 독일어 교사였던 박경숙 선생님이 이젠 선교 15년 차인 선교사님이 되어 있었고, 당시 대학생이었던 윤세라 씨와 최봉일 씨는 어엿한 중년이 되어 있었다. 당시 독일교회 데트방에서의 특송을 기념하여 (그때 우리 특송으로 데트방 교회 찬양대가 조직되었다.) 하나님과 교인들 앞에 찬양을 드렸다. 30년지기 샤우만씨 부부도 합류했다.

독일로, 독일로! 하나님이 나를 꿈에 그리던 독일로 얼마나 자주 보내주셨는지 그저 감사할 따름이다.

독일이 지닌 종교개혁 정신, 경건주의의 신실한 신앙, 지금도 말씀의 진리를 수호, 전수하고 있는 아이들링엔 중심의 실천 사역, 이 모든 것이 나의 마음을 지금도 독일로 향하게 한다.

학문과 신앙

"나는 내 질피리를 불며 불며 내 인생의 가파른 고갯길을
오늘도 뚜벅뚜벅 걸어간다.
서툴고 어슬픈 질피리의 여운을 바람 속에 날리면서."
(박대선의 『질피리의 노래』에서)

비교적 젊은 나이에 교수가 된 이후로 나름대로 성실히 연구와 교육을 수행했던 것 같다. 더구나 모교에서 근무하게 된 혜택을 누렸으니 그보다 더 감사한 일이 있을까!

학문의 여정을 돌아보니 초창기에는 독일문학에 대한 다방면의 연구를 했던 것 같다. 전공을 한 하인리히 뵐뿐 아니라 구동독 출신 작가 모니카 마론에 대한 연구도 제법 한 것 같다. 사범대 특성상 교육 및 교수법과 관계되는 영역에도 관심을 가져, 청소년 문학, 문학 정전, 문학 교수법, 교양교육 관련 연구로 폭을 넓혀갔다. 그 외에 페터 슈나이더, 토마스 브루시히, 유디트 헤르만 등 생존 작가들의 작품세계에도 관심을 가졌다.

2015년 사범대학 학장 임기가 끝나던 시점에, 배우고 싶었지만 그러지 못한 신학 공부에 대한 열망이 솟아났다. 눈이 더 침침해지

기 전 공부를 시작하여 무사히 마쳤으니, 지금 생각해 보면 너무나 잘했다는 생각이 들었다. 그리고 무엇보다 문학과 신학이 겹쳐있는 독일의 사상적 흐름을 소개하고, 특히 독일의 전통 속에 면면히 흐르는 루터의 종교개혁과 슈페너, 친첸도르프 등의 경건주의 전통을 연구하게 된 것이 매우 다행스러웠다.

우리나라 최초의 개신교 선교사인 칼 귀츨라프가 보헤미안 및 친첸도르프 모라비안 선교 전통을 이어받았다는 사실은 이에 대한 관심을 증폭시켰고, 작년 2023년에는 오현기 목사(박사)님의 주관 하에 고대도에서 열린 귀츨라프 행사에서 귀츨라프의 스승 엔리케에 대해 발표할 수 있었다.

다음은 그동안 발간했던 저서(역서)와 논문을 정리해 본 것이다.

〈단행본〉

연번	제목	역할	출판사(발행연도)
1	침묵의 거리	역서	부산대학교출판부(1995)
2	창백한 개	역서	작가정신(1999)
3	하인리히 뵐 소설의 인물 연구	저서	부산대학교출판부(1999)
4	소설 어떻게 해석할 것인가?	공역	새문사(2002)
5	독일문학의 이해-동독문학과 통독 이후 문학의 이해-	공저	새문사(2003)
6	단편소설 어떻게 해석할 것인가?	공역	새문사(2005)
7	하인리히 뵐의 문학세계	저서	부산대학교출판부(2007)
8	신독일문학사	공역	새문사(2008)
9	한국독어독문학 50년	공저	알음(2008)
10	혁명 이후의 문학-독일 68운동과 한국 87항쟁 이후의 문학	공저	도서출판박이정(2009)
11	공간, 장소, 경계	공역	에코리브르(2010)
12	독일문학감상	저서	새문사(2012)
13	고전의 힘	공저	꿈결출판사(2013)
14	헤세는 이렇게 말했다	편역	책읽는오두막(2013)

15	고등학교 독일어 독해 I	공저	경성문화사(2014)
16	공중의 새 들의 백합화	저서	카리타스(2015)
17	올가의 장례식날 생긴 일	역서	산지니(2016)
18	베를린과 파리	공저	부산대학교출판부(2017)
19	하인리히 뷜과 행복사회	공저	한국문화사(2017)
20	경건의 후예들	저서	꿈과비전(2018)
21	독일의 음악과 문학	공저	부산대학교출판부(2019)
22	하나님과 함께 하는 시간	역서	꿈과비전(2019)
23	4차 산업혁명시대 문학과 예술	공저	부산대학교출판문화원(2020)
24	먹이시고 입히시나니	저서	카리타스(2020)
25	하나님을 만난 사람들	공저	카리타스(2021)
26	하인리히 뷜과 평화	공저	소명출판(2020)
27	호모 미그란스-공존불가능성을 횡단하는 난민/이민 서사	공저	역락(2022)
28	노벨문학상 수상작 산책	공저	산처럼(2022)
29	사람이 무엇이기에	저서	카리타스(2024)
30	행복의 철학	역서	하영북스(2024 예정)

〈논문〉

연번	제목	역할	출판사(발행연도)
1	R.M. Rilke의《말테의 수기 Die Aufzeichnungen des Malte Laurids Brigge》에 나타난 사랑의 意味	공동	사대논문집 제 13집(1986)
2	Gerhart Hauptmann의)해 뜨기 전 Vor Sonnenaufgang(에 나타난 自然主義 文學의 특징	공동	사대논문집 제 16집(1988)
3	Heinrich Böll의 종교관 연구 –《그리고 아무말도 하지 않았다》를 중심으로	단독	독어교육과 제 9집(1991)
4	Heinrich Böll의《어린시절의 빵》구조분석	단독	사대논문집 제 25집(1992)
5	낭만주의 – 지적 아방가르드	단독	오늘의 문예비평 9호(1993)
6	독일 Jena 낭만주의의 특징	단독	사대논문집 제 26집(1993)
7	Heinrich Böll 후기작품에 나타나는 주인공의 반사회적 경향	단독	독어교육 제 12집(1994)
8	약자들의 구실– 브레히트의 드라마 "사천의 선인"에서	공동	사대논문집 제 32집(1996)
9	Monika Maron 작품에 나타나는 스탈린주의 비판	단독	독일문학 제 61집(1996)
10	자아의 체험과 시대상: H. Böll의 초기작품과 관련하여	단독	인문논총 제 50집1호(1997)
11	하인리히 뷜의 초기작품연구 – 유고단편집 《창백한 개》의 모티브를 중심으로 –	단독	독일언어문학 제 10집(1998)
12	68운동시기 문학에 나타난 과거극복문제	단독	독일어문학 제 9집(1999)
13	하인리히 뷜의 '천사는 침묵하였다 Der Engel schwieg' 에 나타난 주제성	단독	사대논문집 제37집(1999)
14	하인리히 뷜의 소설기법 연구	단독	독일어문학 제 12집(2000)
15	하인리히 뷜의 언어와 언어의 정체성	단독	헤세연구 제 4집(2000)

16	도덕적 언어와 인간성 회복의 미학	단독	기독교언어문화논집 제 4집 1호(2000)
17	하인리히 뵐의 예술성과 도덕성	단독	하인리히뵐 제1집 1호(2001)
18	70년대 독일 청소년 문학에 나타난 '제 3제국'	단독	독어교육 제 23집(2002)
19	하인리히 뵐의 『사랑없는 십자가』의 생성사와 모티브	단독	독어교육 제 27집(2003)
20	하인리히 뵐 소설에 나타난 "성취 거부" 모티프	단독	하인리히뵐 제 3집 1호(2003)
21	과거극복과 회상의 미학 - 모니카 마론의 『파벨의 편지』-	단독	독어교육 제 30집(2004)
22	엘프리데 옐리넥 소설의 여성상(1) -『피아노 치는 여자』의 어머니와 딸-	공동	독일언어문학 제 25집(2004)
23	하인리히 뵐이 본 김은국의 『순교자』	단독	독어교육 제 31집(2004)
24	엘프리데 옐리넥 소설의 여성상(2)	공동	독일언어문학 제 28집(2005)
25	하인리히 뵐에게 끼친 안네마리 뵐의 영향	단독	독어교육 제 33집(2005)
26	옐리넥 작품에 나타난 음악의 역할(I)	공동	독일언어문학 제 30집(2005)
27	옐리넥과 베른하르트의 작품에 나타난 천재 패러디	공동	독일어문학 제 14집 3호(2006)
28	카논과 독서교육	단독	독어교육 제 36집(2006)
29	하인리히 뵐의 극단편 Kurzgeschichte 정전수업	단독	하인리히뵐 제 6집(2006)
30	쿠르츠게쉬히테 Kurzgeschichte를 이용한 수업모델: 하인리히 뵐의 『다리곁에서』를 중심으로	단독	독일언어문학 제 35집(2007)
31	교양교육과 고전 읽기	단독	독어교육 제 39집(2007)
32	하인리히 뵐과 세계주의적 정신	단독	하인리히뵐 제 7집(2007)
33	현대 독일문학에 나타난 '죽구' 모티프: 토마스 브루시히의 『남자가 되기까지의 삶』을 중심으로	단독	독일언어문학 제 387집(2007)
34	70년대 독일 소설에 나타나는 탈정치화 경향	단독	독일언어문학 제 40집(2008)
35	정전화와 탈정전화	단독	독어교육 제 43집(2008)
36	한국에서의 독일 소설 연구 50년	단독	독일언어문학 제 42집(2008)
37	하인리히 뵐의 국내연구 상황	단독	하인리히뵐 제 8집(2008)
38	현대 독일 팝문학 연구 - 유디트 헤르만의 작품을 중심으로 -	단독	독일언어문학 제 46집(2009)
39	하인리히 뵐의 작품과 성서	단독	하인리히뵐 제 9집(2009)
40	Zur Heinrich-Böll-Forschung in Korea	단독	Irish-German Studies Vol.5(2010)
41	크리스티안 크라흐트의 작품에 나타나는 '새로운 팝문학'	단독	코기토 제 68집(2010)
42	종교다원주의 시대에서 본 레싱의 종교사상	공동	독일어문학 제 18집 3호(2010)
43	최근 하인리히 뵐 관련 행사 및 연구 동향	단독	하인리히 뵐 제 10집(2010)
44	팝문학 교수법	단독	독어교육 제 51집(2011)
45	하인리히 뵐 문학에 나타난 세대 간 갈등	단독	하인리히 뵐 제 11집(2011)
46	독일 단편영화 수업 예시-「잔돈 Kleingeld」을 중심으로	단독	독일어문학 제 20집 1호(2012)
47	현대 독일 영화와 문학의 영화화 - 한트케와 벤더스의 《페널티킥 시에 골키퍼의 불안》의 경우	단독	유럽사회문화 제 1집(2012)
48	인간의 인간됨 - 하인리히 뵐 작품에 나타나는 탈경계	단독	독일언어문학 제 58집(2012)
49	Heinrich Bölls „Wo warst du, Adam?": Analyse der Struktur und des Inhaltes und Überlegungen zur Verwendbarkeit im fremdsprachlichen Unterricht	공동	교사교육연구 제 51집 3호(2012)

50	테오도르 슈토름의 『백마의 기사』(1888)와 로컬리티 담론	공동	독일어문학 제 20집 4호(2012)
51	고전읽기를 활용한 수업모형	공동	교양교육연구 제 7집 1호(2013)
52	하인리히 뵐 작품에 나타나는 폭력의 여러 양상	단독	독일어문학 제 21집 4호(2013)
53	사회주의 체제 잔재의 극복 양식 – 모니카 마론 작품을 중심으로	단독	독일언어문학 제 65집(2014)
54	모니카 마론의 '완숙기 소설'에 나타난 노년의 문제	단독	독일어문학 제 22집 4호(2014)
55	Interkulturelle Landeskunde – Ein Unterrichtsmodell	공동	교사교육연구 제 53집 4호(2014)
56	〈고전읽기와 토론〉 강좌에서의 읽기 모형 개선 방안	공동	교양교육연구 제 8집 6호(2014)
57	하인리히 뵐 문학의 '통속성' 문제	단독	독일언어문학 제 70집(2015)
58	Klassiker 하인리히 뵐	단독	하인리히뵐 제 12집(2015)
59	모니카 마론의 생태적 사유	단독	독일언어문학 제 73집(2016)
60	바람직한 교양교육 기관의 요건과 유형	단독	교양교육연구 제 10집 3호(2016)
61	독일 현대 소설에 나타난 노년– 모니카 마론의 3부작을 중심으로	단독	유럽사회문화 제 17집(2016)
62	한국에서의 하인리히 뵐 수용	단독	독일어문학 제 25집 4호(2017)
63	독일 경건주의 운동 고찰	단독	독일언어문학 제 78집(2017)
64	하인리히 뵐 작품에 나타나는 종교성 – 〈어릿광대의 고백〉을 중심으로	단독	독일언어문학 제 81집(2018)
65	계몽과 경건의 변증법– 18세기 독일 사상의 지형도	공동	신앙과학문 제 23집 3호(2018)
66	독일 난민/이민 문학의 흐름과 특징 – 독일 망명문학과 난민/이민 문학의 비교	공동	독일어문학 제 27집 2호(2019)
67	하인리히 뵐과 68운동	단독	독일언어문학 제 88집(2020)
68	하인리히 뵐의 '타자'에 대한 이해 – 『여인과 군상』을 중심으로	단독	독어교육 제 77집(2020)
69	모니카 마론 작품에 나타난 모티브 연구	단독	독일어문학 제 28집 2호(2020)
70	고전 읽기와 교양교육	단독	교양기초교육연구 제 1집 2호(2020)
71	독일 '구체시'와 지역학 수업	단독	교사교육연구 제 60집 3호(2021)
72	'애완'에서 '반려'로 – 모니카 마론 작품에 나타난 '피조물성'	단독	독일언어문학 제 95집(2022)
73	상이한 가족과 이상적 가족 사이 – 페터 헤르틀링 작품을 중심으로	공동	독일언어문학 제 100집(2023)

2부

인간의 조건
(conditio humana)

출구 상실의 인간 – 신을 떠난 인간

현대를 살아가는 우리 인간은 급속도로 변하는 주변 상황에 정신
없이 쫓기며 살아가고 있습니다. 현대에 와서 이전보다 더 여유 있
는 삶을 살아가지 못하며, 삶의 속도 또한 스피디합니다. 독일 작가
페터 슈나이더 P. Schneider는 이를 두고 '속도의 독재'라고 표현
합니다. 특히 21세기 현대에 와서 삶의 속도는 더더욱 빨라져 우리
는 방향을 모르는 채 정신없이 달려가고 있는 실정입니다. 우리 인
간들이 무엇을 생각하며 어떻게 살아가야 하는지에 대한 성찰 자체
가 어려운 지경에 처했습니다.

체코가 낳은 프란츠 카프카 F. Kafka는 인간의 운명을 다음의 짧
은 글로 잘 표현하고 있습니다.

"처음에는 벽이 저 멀리 보였다. 쥐는 점점 **빠른** 속도로 내달았

다. 갑자기 양쪽 벽이 서로 맞닿았고 결국 쥐는 벽이 맞닿는 구석에 갇히고 말았다. 그때 고양이가 말했다: '너는 뛰는 방향을 미리 바꿔야만 했는데...' 그 말을 하고 고양이는 쥐를 잡아먹어 버렸다."
(카프카의 「작은 우화」)

　　인간의 운명은 어떠한가요? 우리는 방향을 제대로 잡고 왔는가요? 인류가 추구한 문명과 과학발전이 결국 파국으로 치닫게 하지는 않는지요? 우리는 우리가 가는 길을 알기나 한지요?
　　많은 사람에게 매혹적이면서 선구적 작가로 각인된 카프카는 20세기 초에 이미 인간의 운명을 예단했습니다. 위의 짧은 글 「작은 우화」는 황당하면서도 난해한 글이지만 그 속에 심오한 의미를 내포하고 있습니다.
　　프란츠 카프카는 이런 현대인의 고독과 불안한 삶의 문제를 1세기 전에 이미 진단하고 있어, 카프카야말로 시대를 앞서가는 예지적 작가라 말할 수 있습니다. 몇 줄 안 되는 간결하고 핵심을 찌르는 이 작품과 유사한 글이 1920년에 「쥐와 고양이의 대화」라는 산문으로 쓰여졌다고 합니다.[1] 위의 글은 1931년 카프카 사후, 역시 작가이면서 친구인 친구 막스 브로트 M. Brod에 의해 세상의 빛을 보게 되었습니다. 왜냐하면 카프카가 죽을 때 자기 작품을 모두 태우라고 유언했지만 브로트가 출판하기로 작정했기 때문입니다. 카프카는 인간 존재의 무의미함과 부조리함을 가장 잘 나타낸 작가 중 한 명일 것입니다.
　　카프카는 스스로 자신의 삶이 문학과도 같다고 했습니다. 확정하지도, 답을 찾지도 못한 채, 매일 매일의 삶을 겉보기의 의미만으로 위로하려는, 우리 인간의 가련한 운명을 그리고 있습니다. 정직히 말해 우리 인간이 둘러대는 삶은 한 마디로 기만이라는 것!

그래서 솔직한 자아의 모습이 '변신'이 되어 나타나기도 하고, 맘에 없이 의무적으로 참여할 수밖에 없는 '시골에서의 혼례 준비'가 되며, 성(城)에 들어가지 못하고 끊임없이 성 외곽만 맴돌다 결국 죽게 되는 『성(城)』의 K가 되어버립니다.

어느 날 영문도 모르고 아침부터 경찰에 체포되어 끌려가는 『소송』의 K도 결국 자신의 무죄를 증명 못 하고 채석장에서 죽게 됩니다. 이처럼 카프카는 현대를 살아가는 우리 인간의 '출구 상실'을 그려내고 있으며 그의 주인공들은 거의 죽음으로 삶을 마감합니다.

이처럼 카프카는 자신의 삶의 목적을 상실한 채 살아가는 오늘날의 인간 상황을 잘 그려내고 있습니다. 그의 「출발」이라는 짧은 글도 이를 잘 보여줍니다.

"주인이 마부에게 말에 안장을 채우고 떠날 준비를 하라고 한다. 마부가 묻는다. '주인님, 어디로 가시게요?' 주인이 대답하기를: '나도 알 수 없어. 그냥 떠날 뿐이지...'" (카프카의 「출발」)

주관화 과정

데카르트 R. Descartes에서 시작된 '코기토' 명제는 인간 존재의 절대성을 인식하는 차원에까지 나아갑니다. 그런데 인간 존재의 절대성, 곧 인간이 주인이 된다는 생각은 갑자기 생겨난 게 아니고 오랜 기간 동안에 걸친, '주관화'의 긴 과정이 있어왔습니다. 데카르트는 모든 것을 회의적으로 보았고, 종교도 이성으로 생각해 보고 타당하면 믿고 그렇지 않으면 회의적인 유보 입장을 취할 수밖에 없다는 입장이었습니다. 즉, 일단 무조건 믿는 게 아니라 이성적 판단에 맡기기 전에는 일단 회의의 단계를 거쳐야 한다는 것입니다.

칸트 I. Kant는 존재를 위한 인식이나 실존의 전제조건으로 주관을 말하면서 우리 인간의 이성으로 '감히 시도하라 sapere aude'를 외쳤습니다. 낭만주의의 대표적 철학자 피히테 J. G. Fichte도 자아와 비자아를 구분하면서, 인식의 주체로서의 자아, 즉 주관주의를 강조하였습니다.

19세기에 와서 인간의 주관화는 더 심화되는데, 헤겔 F. Hegel에게는 이것이 세상 개념의 자기 확충으로 나타납니다. 포이어바흐 L. Feuerbach에 오면 인간이 더 강조되면서, 이 세상은 더 이상 주어지는 게 아니라 만들어질 수 있는 것으로 인식됩니다. 그는 『기독교의 본질』에서 신이란 객관적으로 존재하는 실체라기보다는 인간의 심성에서 만들어낸 작품이라고 말합니다. 즉 창조주가 아니라 인간이 고안한 허구적 존재라는 겁니다.

니체 F. Nietzsche에 오면 주관화가 극에 달하는데, 그는 '신은 죽었다' 라고 말하며 신에게 사형선고를 내립니다. 이때 신이란 기독교 신을 포함한 형이상학적 모든 절대가치를 포함합니다. 니체는 가치전도라는 측면에서 20세기에 가장 영향력이 큰 철학자였으며, 20세기 후반 포스트모더니즘의 키워드인 다원주의의 근거를 마련했다고 볼 수 있습니다. 니체는 진리는 발견되는 게 아니라 창조되어져야 한다고 말합니다.

그 유명한 '신은 죽었다' 의 명제에서 보듯 결국 니체는 반 기독교적 길을 걸었지만, 목사의 아들이었던 그에게서도, 젊었을 때 만났던 신을 그리워하는 흔적을 엿볼 수 있습니다.

'나에게 노래를 불러주오. 이 세상은 정화되었고 하늘은 모두 기뻐합니다. 십자가에 못 박힌 자여...'(「페트 가스트에게 보내는 편지」에서, 1889)

어쨌든 세계 지배가 신에서 인간으로 넘어옴에 따라, 모든 초월적 지주를 상실하게 되고 주어진 존재 목적이 상실되며, 따라서 존

재의 무의미성이 드러나게 된 것입니다. 계몽주의 이전의 인간이
이상적이고, 신앙의 말에 인도되고 탄탄한 토대 위에 서 있었다면,
계몽주의 이후 근대의 인간은 더 이상 그렇지 못하고 모든 형이상
학적 안정감을 박탈당하게 되었습니다. 따라서 근대에 와서는 카프
카의 작품에서 살펴보았듯이 우리 인간은 불안하고 위협받는 존재
로 나타나고 있습니다.

인간과 동물

4차 산업혁명 시대는 기계만 다루는 게 아니라 동식물(비인간)을 소설의 소재로 다루면서, 인간의 시각으로 보기보다(인간중심주의) 비인간을 통한 상상력을 강조합니다. 이때 인간과 동물을 같은 피조물의 차원에 둡니다. 따라서 인간과 동물의 경계가 사라지고 오히려 인간보다 동물이 더 호감 가는 존재로 등장합니다. 학문적으로도 인간과 동물, 다시 말해 인문학과 동물학의 통섭적 사유를 모색하려는 시도가 있게 됩니다.

현대에 와서는 '인간의 동물화'를 넘어 '동물의 인간화'를 포함한, 인간과 동물의 동반 개념이 확립됩니다. 즉 인간과 동물이 주종 혹은 종속 관계가 아니라, 서로 대등한 측면에서 사유되고 있음을 알 수 있습니다. 이러한 면은 '피조물성 Kreatürlichkeit'이라는 개념으로 정리되는데[2], 이는 인간과 동물의 존재 범위 확대를 논의케 합니다.

사회학을 비롯한 여러 학문 분야에서는 동물과 인간의 관계를 생태적 입장에서 다루어왔는데 이의 대표적인 저서로 우리에게 잘 알려진 피터 싱어 Peter Singer의 『동물해방』을 꼽을 수 있을 것입니다. 이곳에서 싱어는 동물에 대한 인간의 폭정을 다루고 있습니다.

오늘날 문학 영역에서도 인간과 동물을 같은 피조물성으로 관찰하려는 경향이 보입니다. 독일의 중견 작가 모니카 마론 M. Maron은 2018년에 발표한 『무닌 혹은 머릿속 혼란』에서 인간과 동물의 관계를 재미있게 다루고 있습니다. 여기서 인간과 동물(새)의 존재적 차이가 본격적으로 다루어집니다. 이 작품에 등장하는 까마귀 무닌 Munin은 원래 북유럽 신화에 나오는 동물로서, 매일 주신(主神)인 오딘 Odin이 있는 곳에 날아가 세계 정보를 전하는 존재입니다. 언론인이자 프리랜서인 주인공 미나 볼프 Mina Wolf는 어느 작은 도시의 축제에 사용될 30년 전쟁에 관한 어떤 논문을 위해 여름 내내 글을 써야 합니다. 하지만 이웃의 미친 여자가 낮에 큰 소리로 노래하는 통에 볼프는 산만해서 낮에 글쓰기 작업을 포기하고 밤이 되어서야 겨우 글에 진도를 내게 됩니다. 이때 어디선가 외다리 까마귀 한 마리가 날아와 볼프의 친구가 되는데, 그녀는 이 까마귀와 신과 인간, 종교 등에 대한 온갖 이야기를 이어갑니다. 여기서 새는 쥐, 뱀, 고양이보다 더 문학적 표현으로 보이며, 묵시적 사고 교환이나 주인공 미나의 불만을 귀담아 들어주는 통로의 역할을 하고 있는데, 여기서 이 새는 모든 문명화된 구속을 해체하기를 제안하고 테러가 난무하는 냉혹한 시대에 코멘트 역할을 수행하고 있습니다.

"무닌은 과장되면서도 냉소적인 톤으로 말했다: 인간에게 문제가 하나 있는데, 인간들은 까마귀의 지적 능력에 대해 놀라면서도 까마귀의 지력 현상을 설명할 수가 없어. 인간은 이성과 오성을 인간 자신의 특권으로 알기 때문이지... 그런데 너희 인간의 이성이라는 게 도대체 뭐니?... 나는 철학적 범주로서의 이성과 개인적 인지 간의 차이가 무엇인지, 또 그것에 대해 설명 가능한지 곰곰이 생각해 보았다."

인간은 신과 같이 되려고 해서 낙원에서 쫓겨나는 신세가 되었고, 결국 인간은 '신과 망가진 관계를 갖게 되었는데 반해, 무닌의 '빛나는 눈'에서 '이해'나 심지어 '동정'까지도 파악할 수 있다고 미나는 생각합니다.

무닌이라는 이 까마귀는 미나에게 신성과 원초이성 사이의 어떤 존재이며, 까마귀는 미나가 말하는 모든 것을 상대화시켜 버리고, 미나의 불안 세계를 관찰 속에서 설정하여 까마귀 시각에서 거리를 둡니다. 여기 주인공 미나와 까마귀 무닌 간의 대화에서 인간과 동물의 공존(공산) 가능성이 확대되고 있음을 알 수 있습니다.

성경이 말하는 인간의 타락상

"도움을 구하려 애굽으로 내려가는 자는 화 있을진저"

(사31:1상)

인간을 창조하신 하나님은 '보시기에 아름다운 존재'로 인간을 여기셨습니다. 하지만 인간의 불순종 역사가 시작되었고, 성경 전체는 창조주를 기억 못 하고 그 곁을 늘 떠나려는, 인간의 타락상을 기술하고 있습니다.

"선악을 알게 하는 나무의 열매는 먹지 말라 네가 먹는 날에는 반드시 죽으리라 하시니라"(창2:17)

선악과를 따먹는 불신앙으로 결국 인간은 에덴동산에서 쫓겨나고 맙니다.

또 창세기 11장에 가면 바벨 탑 이야기가 나옵니다. 바벨탑은 인간이 하나님과 동등하게 되려는 시도이고 자신들의 명성을 떨치려는, 인간 교만의 극치라 말 할 수 있습니다.

"또 말하되 자 성읍과 탑을 건설하여 그 탑 꼭대기를 하늘에 닿게 하여 우리 이름을 내고 온 지면에 흩어짐을 면하자 하였더니…"(창11:4)

출애굽한 이스라엘 백성들은 틈만 나면 하나님을 배반하고 우상을 만들려는 속성을 드러냅니다.

"일어나라 우리를 위해 우리를 인도할 신을 만들라"(출32:1중)

그래서 선지자 예레미야는 인간의 이러한 태도를 한탄합니다.

"두 가지 악을 행하였나니 곧 그들의 생수의 근원되는 나를 버린 것과 스스로 웅덩이를 판 것인데 그것은 그 물을 가두지 못할 터진 웅덩이들 이니라"(렘2:13)

신약성서의 예수님 말씀에서 인간의 죄악상은 잘 드러납니다. 그들의 눈과 귀는 진리를 받아들일 수 없을 만큼 무디어져 타락한 가운데 있습니다.

"이 세대를 무엇으로 비유할까 비유하건대 아이들이 장터에 앉아 제 동무를 불러 이르되 우리가 너희를 향하여 피리를 불어도 너희가 춤추지 않고 우리가 슬피 울어도 너희가 가슴을 치지 아니하였다 함과 같도다"(마11:16-17)

"비유하건대 아이들이 장터에 앉아 서로 불러 이르되 우리가 너희를 향하여 피리를 불어도 너희가 춤추지 않고 우리가 곡하여도 너희가 울지 아니하였다 함과 같도다"(눅7:32)

사도 바울도 로마서와 디모데후서에서 인간 마음의 타락상을 적나라하게 기록하고 있습니다.

"스스로 지혜 있다 하나 어리석게 되어… 그러므로 하나님께서 그들을 마음의 정욕대로 더러움에 내버려 두사 그들의 몸을 서로 욕되게 하셨으니 이는 그들이 하나님의 진리를 거짓으로 바꾸어 피조물을 조물주보다 더 경배하고 섬김이라… 또한 그들이 마음에 하나님 두기를 싫어하매 하나님께서 그들을 그 상실한 마음대로 내버려 두사 합당하지 못한 일을 하게 하셨으니 곧 모든 불의, 추악, 탐욕, 악의가 가득한 자요, 시기, 살인, 분쟁, 사기, 악독이 가득한 자요 악을 도모하는 자요 부모를 거역하는 자요 우매한 자요 배약하는 자요 무정한 자요 무자비한 자라"(롬1:22, 24-25, 28-31)

"너는 이것을 알라 말세에 고통하는 때가 이르러 사람들이 자기를 사랑하며 돈을 사랑하며 교만하며 비방하며 부모를 거역하며 감사하지 아니하며 거룩하지 아니하며 무정하며 원통함을 풀지 아니하며 모함하며 절제하지 못하며 사나우며 선한 것을 좋아하지 아니하며 배신하며 조급하며 자만하며 쾌락 사랑하기를 하나님 사랑하는 것보다 더하며 경건의 모양은 있으나 경건의 능력은 부인하니

이같은 자들에게서 네가 돌아서라." (딤후3:1-5)

패러다임 쉬프트

현대에 오면 생활 속에 많은 변화가 많이 일어납니다. 이를테면, 줌 수업, 은행 온라인 업무, 자동차 프리핸즈, 전자사전, 대물렌즈 (하이패스), 비대면 예배, 온라인 헌금 등에서 생활 속 변화를 느낄 수 있습니다.

하기야 인류에게 변화가 없는 때가 있었습니까? 변화(쉬프트, 옮겨 감)는 항상 있어 왔습니다.

이를테면 유럽의 18세기는 사상적으로 얼마나 혼란스러웠겠습니까? 30년 전쟁은요? 계몽주의가 출현할 당시 신실한 신앙인들에게는 세상의 종말인가라고 생각했을 겁니다. 예수님 오신 사건은 전 종교계의 패러다임(틀, 구조, 개념, 스타일)을 변화시켰습니다.

이러한 예는 역사 속에서 종종 찾아볼 수 있을 겁니다. 그리고 작은 쉬프트는 항상 있어왔다고 볼 수 있습니다.

패러다임이 크게 바뀌는 것을 우리는 통상적으로 '혁명'이라 부릅니다. 그래서 학자들은 인류역사 속 혁명을 일컬을 때, 신석기 시대, 산업혁명, 시민혁명(사회사적 관점에서)을 언급합니다. 신석기시대부터 농경사회가 되어 정착이 이루어졌고, 그러다 보니 소유, 재산이라는 개념이 생겨나게 됩니다. 산업혁명은 그동안 인간의 손과 발에 의존했던 생산 시스템을, 기계로(1차), 자동으로(2차), 전자 디지털로(3차), ICT 융복합(4차)에 이르기까지 변화되어왔습니다.

엘빈 토플러가 20세기 중엽 '제 3의 물결'이라 외친 전자 및 산업 시대가, 오늘날에는 이를 뛰어넘어 AI 등이 영향을 주는 복잡계 시대로 진입하게 되었습니다. 유발 하라리에 의하면, 신(神) 중심의 시대에서 계몽주의 이후 인간(人間) 중심의 시대를 거쳐 현재는 빅데이터 시대에까지 진입하였습니다. 이런 시대를 살아가는 우리 인간은, 이제 신의 영역(보호)을 떠나 자기네가 주인인 세상을 펼쳐보려고 했지만, 결국 메커니즘에 예속(통제)당하게 된 것입니다.

인간 중심의 역사는 신이 되려 했던(신에게서 벗어나려 했던) 인간의 독립선언에서 나왔습니다. 16세기 르네상스, 18세기 계몽주의(이성 중심), 19세기 말 니체, 포이어바흐, 다윈 등에 의한 극한 도전, 20세기의 여러 사상 조류를 거쳐, 21세기에 오면 기술이 인간의 신체(뇌)와 마음을 통제하게 되고, 하나님 형상을 한 고귀한 특별 존재인 인간은 동물과 같은 반열에서 다루어지면서 존재적 특권을 상실하게 됩니다.

이러한 인간의 역사는 21세기에 들어 초 스피드로 우리에게 새롭게 다가옵니다. 세상은 엄청난 속도로 변합니다.

코로나라는 팬데믹 이후 교회나 신앙의 패턴에도 많은 변화가 있습니다. 어차피 세상은 급변하는데 기존의 틀을 고수하는 것만이 최선일까요? 종전의 틀에 갇혀 있는 우리에게 이러한 엄청난 변화 요구는 어떤 의미를 띱니까? 비대면 예배, 온라인 헌금 등은 우리에게 아직 낯설고, 가나안 교인 증가, 성경과 교회 지도자의 권위 상실 경향은 어떻게 받아들여야 하는가요?

패러다임 쉬프트를 이런 식으로 정리할 수 있겠지요.

노멀 normal =〉 뉴 노멀(베터 better 노멀)
오프라인 =〉 온라인
글로벌 =〉 어스 earth 디지털
집단(단체) =〉 개인화
something definite =〉 anything goes
실상 =〉 가상세계(메타버스 meta+universe)
경계 =〉 탈경계
언터처벌 영역 =〉 대중
정착 =〉 노마드
인간(고귀한 특별 존재) =〉 동물 혹은 피조물성
휴먼 =〉 포스트 휴먼, 혹은 트랜스 휴먼

문자 =〉 비주얼

정주 =〉 모빌리티

생존 =〉 공존

통일 =〉 양가감정 Ambivalenz

종이사전 =〉 전자사전

교회에서도 여러 가지 패러다임 쉬프트가 일어납니다. 특히 코로나 이후 이러한 변화는 더욱 심화됩니다.

직접 헌금 =〉 온라인 헌금

가서 사역하는 선교 =〉 국내에 온 외국인 선교

건축 등 하드웨어 강조 =〉 선교 현지인들 영성 회복, 일꾼 양성

성경 해석 =〉 자유주의 출현, 주관화 과정(개인주의 심화)

그리고 교회가 게마인데 Gemeinde로서의 결속력이 약해져 하나의 커뮤니티로 변하는 경향이 있으며, 교회에서 성직자 권위도 상실되고, 헌신 혹은 열의가 식어 가며 청년 혹은 유년 등 차세대 신앙이 약해지고 있는 실정입니다.

그리고 무엇보다도 교회에 대한 사회의 부정적 인식이 큰 부담이 되는 현실을 맞고 있습니다.

패러다임 쉬프트에 대한 대안

이러한 변화를 부정적으로만 볼 게 아니고 현실을 직시해야하고 전략과 방법을 하나님께 간구해야 합니다. 결론적으로 말해 시대에 뒤처져서는 안 됩니다. 즉 우리의 생각을 바꾸어야 합니다.

그렇다고 오늘날 시대의 조류를 옹호하고 그대로 따라가자는 말은 아닙니다. 다만 진리를 두르고 있는 옷은 변해야 합니다. 무엇보다 우리의 사고의 전환이 필요합니다.[3]

지글라는 "성공이란 기회와 준비가 만나 이루어진다. Success occurs when opportunity meets preparation." 라고 말합니다.

미국방부 장관이었던 파웰도 비슷한 얘기를 합니다. "성공에 대한 비밀은 없습니다. 그것은 준비와 열심히 일함, 실패로부터 배움의 결과입니다. There are no secrets to success. It is the result of preparation, hard work, and learning from failure."

우리가 생각을 바꾸게 되면, 이러한 변화 change는 기회 chance 가 될 수 있습니다. 진리는 사수하되 – "내가 길이요 진리요 생명 이니 나로 말미암지 않고는 아버지께로 올 자가 없느니라"(요14:6) – 현실 속에서 새로운 사역과 아이템을 찾아내고 새로운 방법과 전략을 개발해야 할 겁니다. 가나안 교인을 어떻게 신앙적으로 케어할지에 대한 고민도 해야 할 겁니다.

장대가 너무 딱딱해서도 안 되고 또 반대로 너무 휘어져 힘을 받쳐주지 못한다면 장대 높이 뛰기가 불가능합니다. 유연하면서도 딱딱한 지지대가 필요한 것입니다.

다만 경건한 자에게 진리는 변하지 않습니다. 바울은 로마서에서 이에 대한 답을 분명히 주고 있습니다.

"너희는 이 세대를 본받지 말고 오직 마음을 새롭게 함으로 변화를 받아 하나님의 선하시고 기뻐하시고 온전하신 뜻이 무엇인지 분별하도록 하라"(롬12:2)

여기서는 우선, 이 세대를 본받지 말라고 합니다.
두 번째로, 오직 마음을 새롭게 함으로 변화를 받으라고 합니다.
셋째, 하나님의 뜻을 분별하라고 합니다.

마음을 새롭게 한다는 것은 내면 부분을 말합니다. 다시 말하면 맘 속 깊이 새롭게 변화해야 한다고 말합니다. 표피적으로 변하는 건 변화가 아닙니다. 옷만 다르게 입었다고, 차를 바꾸었다고 사람이 바뀌는 게 아니지 않습니까? 근본적으로 철저히 변해야 한다는 겁니다. 본질로 돌아가야 한다는 말입니다.

여기서 '변화'[4] (transformation, transfiguration)는 성경에 인용된 다음의 부분과 일치합니다:

"그들 앞에서 변형되사 그 얼굴이 해같이 빛나며 몸이 빛과 같이 희어졌더라"(마17:2)

"우리가 다 수건을 벗은 얼굴로 거울을 보는 것 같이 주의 영광을 보매 그와 같은 형상으로 변화하여 영광에서 영광으로 이르니 곧 주의 영으로 말미암음이니라"(고후3:18)

"보라 내가 너희에게 비밀을 말하노니 우리가 다 잠잘 것이 아니요 마지막 나팔에 순식간에 홀연히 다 변화하리니…"(고전15:15)

여기서 변화는, 보기에 먹음직스럽고 보암직한 표피적인 게 중요한 게 아니며 이 인간이 만든 형식적인 모든 것이 변해야 한다는 겁니다. 하나님이 주신 인간의 선한 본질은 변하지 않고 표피적인 게 변하는 겁니다. 그래서 인간의 옛 모습이 아니라 예수님과 같은 형상이 드러나도록 철저히 변화한다는 얘기입니다. 우리의 머리와 가슴, 온 정신과 몸이 송두리째 변해야 한다는 의미입니다. 칼빈이 말한 인간의 전적부패 상황을 주님께 인정하며 맡기고 '전적 헌신 total dedication'으로 나아가야 한다는 의미입니다.

로마서 12장 2절 말씀, 그중 세 번째 조건을 살펴봅니다. 하나님의 기뻐하시고 온전하신 뜻을 분별하는 일은 매우 중요합니다.

앞서 밝혔지만, 선악에 대한 분별력을 잃은 건, 19세기 말 니체 철학의 영향이 큽니다. '신은 죽었다'를 선언하며 기독교를 포함한 형이상학적 절대가치를 부정한 그는 20세기에 영향을 가장 크게 미친 철학자 중 한 명으로, 가치 전도(顚倒)를 표방하고 하나의 목표가 아닌 여러 목표, 즉 다원주의를 선언한 장본인입니다. 그래서 포스트모던 사상들은 기독교에서 절대적인 주님의 뜻과 반(反)하는 경우가 많습니다.

주님의 뜻을 분별하는 데 기준이 되는 것은 하나님 말씀입니다. 이전 종교개혁자들이 성서를 가장 중요하게 생각했고 민중들을 위해 자국어로 번역을 시도한 이유도 여기에 있습니다.

다시 말해 하나님 말씀이 모든 가치판단의 기준이 되어야 한다는 겁니다. 신앙의 중심도 교회의 관습이나 전통이 아니라 하나님 말씀이 되어야 합니다. 또 마음이 새롭게 변화 받아야 하는데 무엇으로 변화 받습니까? 하나님 말씀 외에는 출구가 없습니다.

패러다임 쉬프트 상황에서 우리 크리스천들이 나아갈 길은 하나님 말씀입니다. 그러기에 교회나 가정에서 어떤 형태로든 하나님 말씀으로 우리의 삶이 채워져야 할 것입니다. 성경 읽기, 큐티, 성경 공부, 그리고 그것의 실천을 위한 대책을 강구하고 모색해보는 건 오늘날 패러다임 쉬프트 시대를 살아가는 우리 크리스천에게 필

수 요건이 될 겁니다.

그리고 우리가 명심해야 할 것은 '세월을 아끼라 때가 악하니라 making the most of every opportunity'는 말씀입니다.

AI 시대

옥스퍼드 대학을 나오고 현재 히브리대학에서 역사를 가르치는 유발 하라리는 『사피엔스』 등으로 국내에 제법 많이 알려진 문화학자입니다. 그는 인류의 역사 과정을, 좀 거칠긴 하지만, 신중심의 사회, 인간중심의 사회, 빅데이터 융복합시대의 사회로 나누고 있습니다. 신 중심에서 인간 중심으로 나아가는 기점을 계몽주의라 한다면, 인간 중심에서 빅데이터 중심으로 넘어가는 기점을 4차 산업혁명 시기인 현대 21세기로 봅니다.

계몽주의 이후 인간은 인간이 지닌 이성을 최고의 가치 및 판단기준, 혹은 세계관으로 하면서 유토피아를 꿈꾸어 왔지만, 현대에 와서 이 이성은 비판을 받게 되고(특히 프랑크푸르트학파에 의해 '도구적 이성'으로) 인간의 주인 역할을 인간이 만든 기계에 넘겨주게 되었습니다. 다시 말해 인간은 자신들의 운명을 스스로 결정 못 하고 이에 종속되게 됩니다.

4차 산업혁명에서 AI[5]는 중요한 부분을 차지합니다.

AI가 모든 것을 삼키고 있다고 말할 정도로 AI는 사회 전반에 걸쳐 영향을 미치고 있습니다. 바둑, 대변인, 선거 운동, 주문(음식점) 등에 이르기까지 AI의 역할이 확대되고 있으며, 심지어 로봇에게 감정까지 주입하려는 단계에 와 있습니다.

AI가 소설을 쓰기도 합니다.
"나는 다시 숨을 쉬었다. 발목에 있는 사슬이 따끔거리고 그림자는 여전히 이쪽을 바라보았다. 숨죽인 울음과 일부 삶의 징후가 생겨났다.(셸리) 알 수가 없었다. 난 발을 들어올렸다. 무언가 해야 했다. 그래야 했다. 찾아내려는 참이었다. 나는 여기서 벗어나려는 중이었다. 그것이 나를 잡아 둘 수는 없었다. 아드레날린이 용솟음치고 주체할 수가 없었다.(셸리) 하지만 사슬이 사슬! 어떻게 여기서 달아나지? 나는 침착성을 잃고 있었다. 움직일 수가 없었다. 괴물은 저기서 나와 함께였다."(셸리)

(인공지능 '셸리'의 소설)(2017)

이 소설은 메사추세츠 공대 프로그래머가 제작했는데 프랑켄 슈타인의 메리 셸리를 저자로 하여 한 두 문장을 트위트 계정에 올리면 누리꾼들이 이 문장 뒤에 이어질 글을 올립니다. 그러므로 AI 소설에서 100% 창작은 힘들다고 볼 수 있습니다.

이처럼 인공지능이 예술 창작 분야에 기여하면서 인공지능 예술이 탄생하게 됩니다. 인공지능 예술은 기존에 학습한 데이터를 바탕으로 새로운 작품을 창조하는 창의성을 가지게 됩니다. 창의성 외에 인공지능 예술의 특징으로 유희성, 대체성, 변화성 등을 들 수 있습니다.[6]

허무 – 욥기와 전도서의 경우

이러한 AI시대 패러다임 변화에도 불구하고 우리 인간 존재의 근원적 상황이 있다면 그것은 인간은 죽을 수밖에 없는 존재이며, 그러기에 이 지상의 삶은 헛되다는 것입니다. 이러한 허무를 잘 드러낸 성경은 욥기와 전도서입니다.

시가서(욥, 시, 잠, 전, 아)의 특징은 줄거리가 없고 문학 장르로 치자면 시(詩)에 가깝다고 할 수 있습니다. 지혜서의 키워드는 경외(포베타이)입니다. 신자로서 경건의 삶을 살아가느냐 그렇지 않느냐는 너무나 중요한 우리 인생의 결단이자 과제입니다. '경건한 자의 삶은 시냇가에 심은 나무와 같다'고 시편 기자는 노래합니다.

하나님의 주 되심을 인정하는 것과, 그분을 믿는 믿음은 우리 인간이 누리는 가장 큰 축복입니다. 인간이 경건하고 지혜로운 삶을 살아가기를 원하시는 하나님의 주옥같은 말씀이 시가서에 녹아 있습니다.

1. 욥

우선 욥기를 살펴봅시다.

욥기는 문학의 측면에서 볼 때 걸작임에 틀림없습니다. 형식적인 면이나 주제면에서도 인간의 절대 고독을 보여주며, 그런 가운데서도 창조주 하나님에 대한 신실함을 욥은 저버리지 않습니다. 부조리하고 기복적인 인과응보에 경도된 우리들에게 초월적 하나님에 대한 신앙을 그리고 있는 명작입니다.

욥기에서 신과 악마의 대화 장면이 서두 프롤로그에 나오는 것을 보면 괴테의 『파우스트』와 유사한 면이 있습니다. 욥은 경건한 사람이지만 이 세상에서 고통을 당합니다. 세계 문학적 주제로서의 고통이 문제되며(이 세상에서 살아가는 자체가 고통이다) 여기서는 이러한 고통이 끝이 아닙니다. 이것은 기복적 신앙을 넘어서는데, 인과응보의 보편적 세계관 혹은 인간의 이성을 뛰어 넘습니다. 욥기는 샌드위치 구조로 이루어져 있습니다: 즉 서론(하나님이 앗아가 버림), 세 친구와의 변론, 에필로그(하나님이 다시 주심).

친구들 간의 토론에 참다못한 하나님이 폭풍 속에 응답하십니다. 38장–41장까지 장장 3장에 걸쳐 인간 이성의 한계와 하나님의 절대 주권을 선포하고 있습니다. 동물까지 예로 드는데, 사자, 까마귀 새끼, 산 염소, 들 나귀, 들소, 말, 매, 독수리, 베헤못(하마), 리워야단(악어)까지 언급하면서 이런 모든 생물의 세세한 신비로운 부분까지 간섭하고 계심을 말하고 있습니다. 즉 인간이 할 수 있는 게 무엇인가를 반문하고 있습니다. 결정적 인식의 틀은, '하나님 내가 뭐 특별히 잘못한 게 있습니까' 라는 질문과 '나는 ...임을 깨닫습니다. 나는 너무 보잘것없습니다'(욥42:2-3)로 이루어집니다.

친구들과의 변론을 보면, 하나님은 인간의 이성을 초월하는 분이시고 결국 인간의 이성으로는 아무것도 해결할 수 없음을 말하고 있습니다. 친구들의 관점은 인과응보(if.. then..), 하지만 디스커션으로 이런 일들이 해결되지 않음을 알 수 있습니다. 그리고 욥은 성서신학적 차원에서 그리스도의 수난을 말하고 있다고 볼 수 있습니다. 고통의 강한 형식, 왜 라는 긴장, 약해짐, 순종, 극복, 목표의 의미가 내포되어 있습니다.

욥기의 교훈은, 우리 삶에 고통이 늘 자리하지만 그 고통이 끝이 아님을 보여주고 있습니다.

"그러나 내가 가는 길을 그가 아시나니 그가 나를 단련하신 후에는 내가 순금같이 되어 나오리라"(욥23:10)

"이르되 내가 모태에서 알몸으로 나왔사온즉 또한 알몸이 그리로 돌아올지라. 주신 이도 여호와시오니 여호와의 이름이 찬송을 받을 지어다."(욥1:21)

2. 전도서

전도서는 선지서, 교훈서, 시서 등으로 불립니다. 잠언이 새 세대를 위한 하나님의 위대한 유산이자 아이들을 위한 지혜서라고 한다면, 전도서는 성숙자를 위한 지혜서라고 볼 수 있습니다.

전도서는 인생의 허무함에 절망하는 인간을 보여주는데, 하나님에 대한 절망이 아니라 인간에 대한 절망, 인간의 한계를 보여준다고 할 수 있습니다. 그러나 그런 한계에도 불구하고 하나님이 허락하신 삶의 행복이 있고 그것이 삶을 세워 나갈 가능성을 제시해주고 있습니다.

인간은 유한한 mortal 존재이고, 죽음은 피해갈 수 없는 것으로 지혜자의 마음은 초상집에 있다고 말합니다.(전7:4)

"너희는 인생을 의지하지 말라" – "그의 호흡은 근세에 있나니 셈할 가치가 어디 있느냐?"(사2:22)

1) 바니타스 문디 vanitas mundi

'모든 것이 공허하고 헛되다.' '바람 잡는 것 같다.' '자신이 노력하는 것, 이것이 헛되지 않은가?'를 전도서는 끊임없이 반문하고 있습니다.

"전도자가 이르되 헛되고 헛되며 헛되고 헛되니 모든 것이 헛되도다(전1:2) "하나님을 경외하는 자는 이 모든 일에서 벗어나느니라"(전7:18)

결국 이 허무의 극복은 여호와를 아는 것이라 말합니다. "지혜가 많으면 번뇌가 많으니 지식을 더하는 자는 근심을 더하느니라"(전

1:18)

'지식도 헛되고'(전1:18), '즐거움도 헛되며'(전2:1-2), '재산
(사업)도 헛되다' 고 합니다.(전5:10-11) 우리의 재물은 선물인 것
입니다.(전5:19)

"일평생에 근심하며 수고하는 것이 슬픔뿐이라 그 마음이 밤에
도 쉬지 못하나니 이것도 헛되도다." (전2:23)

"이러므로 내가 사는 것을 미워하였노니 이는 해 안에서 하는 일
이 내게 괴로움이요 모두 다 헛되어 바람을 잡으려는 것이기 때문
이로다" (전2:17)

이것으로 끝나버리면 우리는 우울증을 가질 수밖에 없습니다. 그
러나 크리스천은 이런 허무 가운데서도 희망을 발견합니다.

2) 카르페 디엠 carpe diem

호라티우스의 말에서 따온 이 말은 '현재를 즐겨라', '순간에
충실하라', '순간을 잡으라'. 'Seize the Day!'의 의미입니다.

우리 인간에게는 한계가 있습니다. 그러나 이것은 인간이 환경의
지배를 받게 된다는 사상, 특히 19세기 실증주의 시대의 환경의 벽
과는 다릅니다. 쉐러 W. Scherer가 말한 3E(체험한 것 Erlebtes, 유전받
은 것 Ererbtes, 학습된 것 Erlerntes)의 틀, 인과응보 Kausalität를 벗어
날 수 없는 게 인간이라는 숙명론fatalism, determinism에서 벗어
나는 게 중요합니다.

"하나님이 모든 것을 지으시되 때를 따라 아름답게 하셨고 또 사

람들에게는 영원을 사모하는 마음을 주셨느니라. 그러나 하나님이 하시는 일의 시종을 사람으로 측량할 수 없게 하셨도다."(전3:11)

모든 게 하나님에게서 나왔기 때문에(전2:22-26) '하나님을 경외하고 그의 명령을 지킬지어다'라고 말하고 있습니다. 이것이 모든 사람의 분복인데(전12:13), 즉 분복은 제한적이지만 넘침의 축복으로 나아갈 수 있고 힘써 여호와를 앎으로써 허무(니힐리즘)을 극복할 수 있습니다.

"네 헛된 평생의 모든 날 곧 하나님이 해 아래서 네게 주신 모든 헛된 날에 네가 사랑하는 아내와 함께 즐겁게 살지어다. 그것이 네가 평생에 해 안에서 수고하고 얻은 네 몫이니라"(전9:9)

모든 게 때가 있습니다. 모든 것에는 시작과 끝이 있다고 말합니다.(전6:1-7:14)

우리의 삶은 출생부터 시작됩니다. 또 죽음으로 우리의 지상에서의 삶을 마감합니다. 죽음에 들어가는 순간 이제 죽음의 터널을 지났고, 이제는 거할 곳이 많다던 주님이 예비하신 천국에서 영생을 맞이합니다.

"시간"은 돈이나 자재처럼 쌓아둘 수도 없는 독특한 자산입니다. 우리가 원하든 원치 않든 1분은 60초로 이루어져 있습니다. 이 시간은 기계처럼 껐다 켰다할 수 있는 게 아닙니다. 시간은 돌이킬 수 없는 것입니다.

시간이라는 현상에 비밀이 있습니다. 하나님의 말씀이 우리에게 방향을 잡도록 도와준다는 것입니다. 시간은 하나님의 생각이고 창조입니다. "시간"은 인간에게 범주 조건을 제공합니다. 이로써 믿는 사람에게 그의 삶이 시작되고 끝나는 시각을 알게 해줍니다. 인간이 원하고 계획하고 실수하고 용서하는 것과는 관계없이 각 개개인은 하나님이 원하셨기 때문에 모태에서 태어났고, 생명을 다하면 하나님께로 돌아가게 됩니다.

우리 자신의 삶은 하나님 안에 원천을 가집니다. 그의 손안에 나의 시간이 존재하기 때문입니다.

"당신이 원하시는 대로 살기 위해 내가 필요로 하는 통찰을 나에게 주소서." (시119:73)

시편 90:3은 이렇게 말씀합니다: "주께서 사람을 티끌로 돌아가게 하시고 말씀하시기를 너희 인생들은 돌아가라 하셨사오니..."

하나님이 주신 이 지상에서의 시간을 잘 관리하며 세월을 아껴야 합니다.

신을 찾는 인간 – 구원의 노래

신을 떠나 낙원에서 쫓겨난 인간은 에덴의 파라다이스를 늘 그리워합니다. 창조-범죄-구속의 경륜은 성경 전체를 관통하는 구속사적 주제입니다. 특히 예수 그리스도를 구세주로 영접한 성도들은 신을 향한 구원의 노래를 부르게 되며, 경건한 삶을 살아가려고 혼신의 노력을 다합니다.

이러한 의인들의 기도가 성경 곳곳에 나타납니다.

"주님께서 나에게 한 뼘 길이밖에 안 되는 날을 주셨으니, 내 일생이 주님 앞에서는 없는 것이나 같습니다. 진실로 모든 것은 헛되고, 인생의 전성기조차도 한 날 입김에 지나지 않습니다.

걸어다닌다고는 하지만 그 한 평생이 실로 한오라기 그림자일 뿐, 재산을 늘이는 일조차도 다 허사입니다. 장차 그것을 거두어들일 사람이 누구일지는 아무도 모르는 일입니다.

그러므로 주님, 이제, 내가 무엇을 바라겠습니까? 내 희망은 오직 주님뿐입니다." (시39:5-7)

"내가 여호와께 바라는 한 가지 일 그것을 구하리니 곧 내가 내 평생에 여호와의 집에 살면서 여호와의 아름다움을 바라보며 그의 성전에서 사모하는 그것이라" (시27:4)

"허무 속에 노래 부를 수 있어 감사 "
"하나님 자녀됨 감사 "
"생명 책에 기록됨을 감사"

"너희는 이 세대를 본 받지 말고 오직 마음을 새롭게 함으로 변화를 받아 하나님의 선하시고 기뻐하시고 온전하신 뜻이 무엇인지 분별하도록 하라" (롬12:2)

"내 육체와 마음은 쇠약하나 하나님은 내 마음의 반석이요 영원한 분깃이시라" (시 73:26)

"지혜있는 자는 궁창의 빛과 같이 빛날 것이요, 많은 사람을 옳은 데로 돌아오게 한 자는 별과 같이 영원토록 빛나리라" (단12:3)

"모든 지킬만한 것 중에 더욱 네 마음을 지키라 생명의 근원이 이에서 남이니라" (잠4:23)

"그러므로 누구든지 나의 이 말을 듣고 행하는 자는 그 집을 반석 위에 지은 지혜로운 사람 같으리니 비가 내리고 창수가 나고 바람이 불어 그 집에 부딪치되 무너지지 아니하나니 이는 주추를 반석 위에 놓은 까닭이라"(마7:24-25)

"위의 것을 생각하고 땅의 것을 생각하지 말라"(골3:2)

"항상 기뻐하라 쉬지말고 기도하라 범사에 감사하라 이것이 그리스도 예수 안에서 너희를 향하신 하나님의 뜻이니라"(살전5:16-18)

"너는 그리스도 예수의 좋은 병사로 나와 함께 고난을 받으라"(딤후2:3)

"하나님의 전신갑주를 취하라"(엡6:11)

"그러므로 이는 악한 날에 너희가 능히 대적하고 모든 일을 행한 후에 서기 위함이라"(엡6:13)

"내가 길이요 진리요 생명이니 나로 말미암지 않고는 아버지께로 올 자가 없느니라"(요14:6)

결국 예수 따르는 성도는 경건의 삶을 살아야 하고, 신앙을 삶으로 보여주는 신실함을 동반해야 합니다.

이를테면 다음과 같은 자세로 살아가는 것이겠지요.

(1) 낮아지는 삶: "모세의 자리에 앉지 말라… 랍비라 칭함 받지 말라…(마23:1-12)

(2) 나눠주는 삶: "받은 급료를 족한 줄 알라…"(눅3:11-14) "네게 있는 것을 다 팔아 가난한 자들에게 나눠주라"(눅18:22)

(3) 지혜로운 삶: "갈지어다 내가 너희를 보냄이 어린 양을 이리 가운데로 보냄과 같도다"(눅10:3)

(4) 무소유 삶: "여행을 위하여 아무 것도 가지지 말라. 지팡이나 배낭이나 양식이나 돈이나 두 벌 옷을 가지지 말며… 어느 집에 들어가든지 거기서 머물다가 거기서 떠나라"(눅9:3-4)

이 시대의 지·영성을 위하여

"신앙이 전제되지 않으면 오만이며, 이성이 사용되지 않으면 태만이다"
(안셀무스)

영성과 지성의 분리는 18세기 독일 계몽주의가 출현하면서 본격적으로 논의되기 시작합니다. 지성을 인간의 이성에 기초한 세계관으로 보는 이성 우월주의(이것의 심화 형태가 '이신론(理神論)')가 인간의 '머리'에 해당된다고 한다면, 영성은 계몽주의와 같은 시기의 경건주의가 그토록 강조했던, 인간의 '가슴'에 해당한다고 볼 수 있습니다. 하지만 몸 전체로 보면 머리와 가슴이 나눠지는 게 아니고 하나입니다. 물론 계몽주의의 이성 중심, 더 거슬러 올라가 르네상스의 휴머니즘(인본주의)이 오늘날에 와서는 신의 존재를 깡그리 부정하게 되는 결과를 낳았지만, 이성 혹은 지성이 하나님을 위해 쓰임 받을 때, 다시 말해 지성과 영성이 결합될 때, 얼마나 큰 역사를 이루어 왔는지 모릅니다. 지성과 영성의 결합, 그 효과를 역사적으로 증명해 주는 예는 무수히 많습니다.

사도 바울의 지성과 영성이 기독교 교리의 핵심이라 불리는 로마서를 정리하게 했으며, 루터의 언어적 탁월함이 독일어 성서 번역을 완성케 했고, 후대 장로교 교리에 가장 큰 영향을 미쳤던 칼빈이 20대에 쓴 『기독교 강요』는 지성과 영성 결합의 산물이었습니다. 그 외에 독일 '남방의 마인(魔人)'으로 불렸던 경건주의자 프리드리히 크리스토프 외팅어는 할레 대학 강단에서 계몽주의의 거대한 물결을 지·영성으로 지켜내려고 했던 인물입니다.

우리가 가진 지성은 무엇입니까? 학문적 가치로 볼 때 이는 매우 소중한 자산입니다. 어떤 영역이든 우리는 대학에서 자기 전공영역에서 학문 발전을 위해 나름대로의 상아탑을 쌓아왔습니다. 그건 우리들의 임무이자 책임일 뿐 아니라 인류 공영에 선하게 영향을 미칠 수 있는 귀중한 자산입니다.

우리의 이러한 지성과, 우리가 매일 주님께 다가가려는 영성은 어떤 관계 속에 있습니까? 우리의 지성을 주님 영광을 위해 100% 사용할 수는 없는가요? 어차피 우리의 존재 목적이 하나님을 영화롭게 하는 것 아닙니까?

언택트 시대에서 지성의 역할은 매우 크다고 할 수 있습니다. 왜냐하면 만남을 통해 이루어졌던 감성 공유 혹은 인격적 영향력 등의 역할이 줄어들고, 비대면 온라인상 기계를 통해 서로 교통하기 때문에, 지식 혹은 지성의 역할이 더 커졌다고 볼 수 있습니다.

지금은 이 시대가 요구하는 지성이 무엇인가를 진지하게 고민하고 실천할 때입니다. 전문인 사역, 준비된 지·영성을 위해!

주석

1) "어떤 고양이가 쥐를 한 마리 잡았었다. '어떻게 할 건데?', 쥐가 물었다, '눈이 참 사납게 생겼군.' 고양이가 대답했다, '아! 난 그런 눈을 늘 하고 다니지. 너는 거기에 익숙해졌잖아.' '난 가야겠어', 쥐가 말했다. '내 자식들이 나를 기다리고 있어.' '네 새끼들이 기다린다고?', 고양이는 말했다. '그럼 가능한 빨리 가야지. 근데 뭐 좀 물어봐야겠어.' '그럼 물어봐, 벌써 시간이 많이 늦었단 말이야.'

2) 에릭 산트너에 따르면, 이 '피조물성' 개념은 '창조적 생명'을 말한다. 인간을 동물로까지 축소시키는 '인간의 동물화', 즉 인간의 동물성에 반해, 이 피조물성은 인간과 동물 삶 간의 전이 관계를 다룬다.

3) Change your thinking, Change your life! Without changing your way of thinking, you cannot grow. And growth is not given automatically.

4) "변화" : (메타모르포오) : (change after being with) + (changing form in keeping with inner reality)

5) '인공지능 artificial intelligence'의 약자인 AI는, 컴퓨터에서 인간과 같이 사고하고 생각하고 학습하고 판단하는 논리적 방식을 사용하는 고급 컴퓨터 프로그램을 말한다.

6) 최태명 · 정인모(2020): 4차산업혁명시대 문학과 예술, 부산대학교출판문화원, 291-296쪽.

3부
경건에의 열망

18세기 독일 사상 지형도 –
레싱과 친첸도르프 신학사상 비교

1. 들어가며

17세기 프랑스 사상가 데카르트Descartes가 "나는 생각한다. 그러므로 나는 존재한다"의 코디토 명제를 내세움으로써 합리적 철학이 시작되었다. 이어 18세기에 진입하면서 영국의 존 로크, 데이비드 흄 등과 독일의 라이프니츠, 볼프 등의 철학자들에 의해 본격적인 계몽주의 시대가 열리게 된 것이다. 데카르트의 주장은 사안을 그냥 습관적으로 당연하게 수용하는 것이 아니라 회의적 태도를 갖고 따져본 후에 받아들이자는 것이었으며, 종교적 측면에서 볼 때에도 무조건 덮어놓고 신앙하는 게 아니라 합리적이고도 타당한 근거가 있어야 한다는 것이었다. 사리를 따지며 사유한다는 18세기의 이러한 합리적 세계관은 당대뿐 아니라 후대에도 큰 영향을 끼치게 된다.[1] 여기에는 이성과 양심도 신이 인간에게 부여한 것이기 때문에 이성에 대한 선의의 활용, 기대 등 긍정적 의미가 깔려있었기 때문이다.

하지만 인간의 몸에서 '머리'(이성 혹은 합리)와 '가슴'(감성 혹은 신앙)이 서로 분리될 수 없듯이, 사고 없는 열의, 감정 없는 사유가 과연 가능한가 하는 것은 18세기에도 중요한 화두였다. '머리'와 '가슴'의 분리 사상은 고대로부터 내려온 군건한 관습 중 하나였고, 18세기 계몽주의 출현으로 인해 '가슴'과 '머리'는 종교적 측면에서 이러한 분리가 더욱 고착화되는 경향이 있었다.

하지만 '머리'와 '가슴'으로 나누는 이분법적 사유가 과연 바람직한 것인가는 계속적인 논의의 대상이다. 여기서 결론적으로 '머리'와 '가슴'은 한 지체 안에 있고, 서로에게 영향을 주고받으며, 또한 각각 신체의 부분으로서, 다르지만 다르지 않다는 입장에서 이 둘 다가 필요하며 서로 조화를 모색하여야 한다는 입장을 견지하고 있다.

여기서는 우선 이러한 사상의 본격적 출발이었던 18세기의 사상적 조류를 개관한 다음, '머리'라고 할 수 있는 독일 계몽주의를 정리해 보고, 이 계몽주의와 병행하여 등장하는, '가슴'이라 할 수 있는 독일 경건주의자들의 신앙관을 계몽주의와 비교해서 살펴본다.

결국 이 두 사조에는 서로 대립되는 면이 존재하지만, 더 넓은 스펙트럼으로 볼 때, 이 두 사조 모두 당시 교회, 교리 중심의 절대적 주류에 반대해서 생겨난 신앙형태라는 점에 천착하여 이 두 사조의 공통 및 상이한 관계를 살펴본다. 그리하여 앞서 말한 계몽과 경건의 조화로운 통합 모색을 시도한다. 올바른 사고와 뜨거운 신앙적 체험, 즉 계몽과 경건이 서로 상치되기보다 이 둘은 변증법적으로 통합되어야 한다는 입장을 정리한다.

이러한 시도는 다원주의 사상이 자리 잡은 포스터모더니즘 시대를 살아가는 현대인들에게, 또 반지성주의가 만연하고 '길 잃고 방황하는' 한국 교회 현실에 바람직한 길잡이 내지는 희망의 불씨로 작용할지 모를 일이다.

2. 18세기 독일의 계몽주의와 경건주의

18세기가 되면서 인류에게 엄청난 세계상의 변화가 도래했다. 신, 혹은 종교 중심의 세계관 대신 인간의 이성에 의한 계몽이라는 새로운 세계관이 화두의 중심에 서게 된다.[2] 또 절대주의의 권위는 도전받기 시작했는데, 절대주의 대신 자유를, 신분질서 대신 평등, 편견 대신 경험과 학문의 인식을, 교의주의 대신 관용을 중시한 새로운 시대가 온 것이다. 특히 종교에 있어 전통적 신을 벗어난 인간의 새로운 사고와 삶의 양식은 엄청난 변화를 가져왔다. 이러한 경험 및 합리주의자들의 철학은 교조적 신학자들의 영향을 감소시켜 갔다. 종교적 신앙 권위의 자리에 이성적인 교훈과 관용 이념이 등장했다. 달리 말해 계몽주의적 신앙관은 '신의 은총에 의한' 봉건적 세계상을 거부하고, 이성에 근거하는 새로운 사유를 시작한다. 교회의 봉건적 권위에 반발하여, 이성의 판단과 인격적 존재를 존중하는 사상이 등장했던 것이다. 계몽주의는 전통적 권위를 비판하고 인간의 사유를 신학의 속박으로부터 해방시키려는 노력, 그리고 일체의 형이상학에 대한 거부는 그러한 자율성 추구의 시발점이 되었다.

독일 계몽주의는 프랑스와는 달리 비교적 무신론적이지 않았다. 처음부터 독일 계몽주의는 개신교와 밀접히 관련되어 생성되었다. 프랑스에서는 피에르 벨Pierre Bayle, 볼테르 등의 계몽주의가 강한 이신론적 성향을 가졌다면 라이프니츠, 레싱G. E. Lessing 등으로 대표되는 독일의 계몽주의는 프랑스만큼은 과격하지 않았다. 다시 말해 프랑스 계몽주의가 독일의 계몽주의와는 달리 다소 과격한 성향을 가졌다면, 독일의 경우 전통 기독교에 관해 온갖 비판을 가하면서도 신의 존재 자체에 대해서는 프랑스보다 좀 더 유연하고 긍정적 입장을 취했다. 독일의 계몽주의는 새로운 철학체계를 제시하기보다 실천적이고 도덕적 이성의 우월을 강조하고 실생활에의 영향을 지향했다.

18세기 독일에서는 철학적 계몽주의와 자연과학의 발달로 인해 이성의 가치평가가 상승일로에 있었고, 이것이 교회의 정통교리를 압박·거부하는 결과를 낳았지만, 주관적 경건성은 보지(保持)하고 있었다. 이런 측면에서 독일의 경우 경건주의와 계몽주의는 서로 근본적인 다른 입장 차이에도 불구하고 정통 교리에 대한 강한 거부 및 개혁이라는 공통점이 있다.

18세기 계몽주의(1720-1785)와 경건주의(1740-1780)는 거의 동시에 생겨난다. 물론 계몽주의보다 경건주의(혹은 감상주의[3])의 전통이, 중세 신비주의에까지 이른다고도 말하지만, 계몽주의와 경건주의는 18세기 동시대에 발생한다.

경건주의의 뿌리가 고대 영지주의(그노시스 파), 중세 신비주의와 관계있다고 하지만, 18세기 등장한 소위 독일 경건주의는 이것과는 달랐다. 즉 전자가 신비적 내적 체험만을 강조한다면 후자는 개인적 영성을 통한 신과의 내면적 교통이라는 생활의 실천적 의미가 강했다. 이를 도표로 나타내면 다음과 같이 나타낼 수 있을 것이다.

Table 1. Pietism Influence.(1650-1750)

Source: https://goo.gl/images/w35S38

독일 경건주의Pietismus는 18세기 전 유럽으로 확산되면서, 19세기는 물론 오늘날까지 종교 사상계에 미친 그 영향이 지대했다고 할 수 있다. 요한 아른트Johann Arndt에서 출발하여 슈페너Spener, 프랑케Francke, 친첸도르프Zinzendorf로 이어지는 독일 경건주의는 영국 퓨리턴과 더불어 종교개혁 이후 가장 중요한 '종교 개혁적 혁신운동이었다는 평가를 받고 있다.

경건주의가 발생하게 된 근본적인 이유는 다음과 같다. 즉 1555년 아우구스부르크 종교화의 이후 각 종파의 교리나 신조를 강조하는 정통주의Orthodoxie가 생겨났는데, 개신교 정통주의는 루터가 배척했던 스콜라 철학(아리스토텔레스의 논리학과 변증학)을 다시 수용하려고 했다. 이어 이를 타개하기 위한 개혁적 시도가 있었으며, 경건주의자들은 바로 루터교 제도권 안에서 교리보다 실천적 삶을 중시하였다.

　당시 엄청난 반향을 일으켰던 『진정한 기독 정신(Das wahre Chris-tentum)』을 쓴 요한 아른트에 이어 슈페너는 저서 『경건한 소원들(Pia Desidera)』을 통해 경건주의의 초석을 놓았다. 이 책의 중심 내용은 교리와 삶의 관계가 이제부터 이론적인 요구에 머무는 것이 아니라, 실천적이고 그리스도인의 이상으로 받아들여야 한다는 것이었다. 슈페너는 경건한 루터교 신자인 가정에서 성장했으며, 그 자신도 루터를 존경했을 뿐 아니라 금욕적인 생활을 했다. 다만 슈페너의 견해로는, 종교개혁 운동을 통해 교회시스템은 개혁 되었지만 개인 신앙의 내면과 영성까지는 개혁되지 못하였다고 보고 교회의 영적 쇄신을 다시 부르짖게 된 것이다. 루터가 '오직 믿음주의solafideism'를 강조했다면, 슈페너는 '신앙 경험'을 한 인간의 내적인 변화, 즉 형식적, 학문적 신앙이 아니라 신과 교통하는 내밀한 신앙 체험을 강조하고 있다.

　슈페너에 이어 프랑케는 경건주의 사상을 교육, 사회 복지에까지 확대시킨 사람이었다. 할레 대학을 중심으로 세상 도피적 공동체보다는 주위 일상생활에서의 종교적 실천을 강조하였다.

　슈페너, 프랑케에 이어 경건주의를 명실상부하게 꽃 피웠다는 평가를 받는 친첸도르프는 복음주의 정신에 충실했던 인물로서, 헤른후트Herrnhut라는 공동체를 설립하여 영적 각성운동과 교육, 그리고 선교에 이르기까지 기독교 신앙을 실천하려고 했던 인물이었다. 그리고 그는 초교파를 지향하면서 종교의 교리화를 거부하였고 생활 속의 실천적 신앙생활을 강조하였다. 그가 추구한 소위 모라비아Moravia 공동체는 평신도 신앙의 수준을 성직자 수준까지 끌어올려야 한다고 생각하였다. 친첸도르프는 경건주의를 완성한 사람이자 또 경건주의를 극복한 사람으로 인정받고 있다.

계몽주의와 경건주의의 공통점이라면, 둘 다 16세기 종교개혁 이후 또 다시 강화되는 종교의 교리화에 맞서 등장하였다는 점이다. 계몽주의는 종교의 교리화에 반대하며 인간의 이성을 강조한 합리성을 주장하였고 경건주의 역시 종교의 교리화에 반대하며 개인의 영성과 신과의 직접적 교통을 강조하였다. 이 사조 모두 종교의 교리화와 경직화에 반대하여 생겨났다는 공통점은 가지지만, 대안은 달랐다. 다시 말해 계몽주의는 이성을, 경건주의는 감성을 강조한다는 점에서는 차이가 있었다. 하지만 이 둘은 동전 양면에 불과하며, 경건주의는 계몽주의의 지나친 합리성에 반발한 인간 내면의 감정을 중시한 면은 있지만 결국 경건주의는 계몽주의의 일환으로 나타난다. 경건주의(감상주의)를 계몽주의의 큰 사조 안의 하나의 운동으로 간주되는 것도 이러한 이유이다.

1730년 무렵부터 등장한 경건주의(감상주의)는 생활의 모든 영역을 포괄하는 '이성적인 감성문화'였다. 이것은 '내면지향적 계몽'으로 해석할 수 있을 것이다. 따라서 계몽의 합리적 조류와 경건의 감성주의적 조류는 대립적인 것이 아니라 동일한 정신적 전제조건에 바탕을 둔 상호제약적인 현상으로 이해할 수 있다.

3. 레싱과 친첸도르프

1) 레싱의 경우

프랑스, 영국의 사상가들의 영향을 받아 라이프니츠, 볼프 등에 의해 꽃 피운 독일의 계몽주의의 사상적 특징으로는 인간성(Humanität), 관용(Toleranz), 이신론(Deismus), 합리주의(Rationalismus)등으로 요약할 수 있다. 그런데 작가이자 사상가였던 레싱의 작품 – 특히 그의 대표작 『현자 나탄(Nathan der Weise)』 – 에서도 이러한 독일 계몽주의의 특징이 잘 드러난다.

레싱의 경우 계몽주의적 입장에서 신앙을 보기 때문에 이신론적으로 보이지만, 실은 그가 계시를 부정하지는 않았기 때문에 완전 이신론적 계몽주의자들과는 근본적으로 달랐다. 따라서 레싱의 종교적 신념은 무신론적이라고 할 수 없고 당시 전통적 기독교와 밀접한 관계를 갖는다.

목사의 아들로 태어나 스스로도 한 때 신학을 공부한 적이 있는 레싱은 이후 자기 스스로를 신학자가 아니라 '신학을 좋아하는 사람'으로 생각하였다. 당시 함부르크의 주임신부 괴체Goeze와의 신학적 논쟁에서도 볼 수 있듯이 – 이 논쟁의 금지가 낳은 작품이 『현자 나탄』이다 –, 레싱의 기독교 비판은 당시 성경만능, 혹은 성경제일주의를 표방하고 축자설, 성경무오설을 강조했던 루터 정통 Lutherische Orthodoxie[4] 에 대해서 이지, 기독교의 본질을 이루는 기독 정신Christentum에 대한 비판은 아니었다. 그는 문자지상주의로 교리화된 루터교가 루터가 원래 표방했던 그리스도 정신과는 거리를 갖게 되었다고 비판하면서 예수와 당시 기독교를 하나로 보는 것이 아니라 서로 다르게 본다. 다시 말해 예수는 보되 당시 기독교는 인정하지 못한다는 것이 그의 입장이었다. 그리고 전통적 교리 중 성경무오설은 신앙인들에게 자유로운 정신과 이성을 인정하지 않기 때문에 루터의 '오직 성경sola scriptura'을 하나의 오류로 본다.

레싱은 살아있는 기독교 정신이 중요하지, 죽은 활자가 중요한 게 아니라고 말하며, 종교가 지적 유희에 빠져버렸다는 주장을 편다. 레싱의 입장에서 보면 성서 안의 자체 모순 부분, 비합리적 사건 등을 볼 때, 역사가들이 그런 것처럼, 성서 안에 있는 그리스도의 정신을 끄집어내는 것이 중요하며 단지 축자적 영감은 설득력이 없다는 것이다.

무엇보다 레싱은 학창시절부터 경직된 루터 교회에 공격을 가하면서 '자유정신의 성서'를 강조한다. 그는 개인에게 믿음을 허락한 루터의 전통을 변호하며 – 이를테면 레싱은 루터의 큰 공적으로 각 개인에게 부여한 자유, 기독교 정신에 대한 중재자 없는 독자적 해석 허용 등이다. – 성서의 연구, 종교에 대한 개인적 이해, 진리에 대한 확신을 강조한다. 레싱이 보기에 루터는 순수 기독교 정신을 발견하는 길 위에 있었던 종교연구가였다. 그래서 루터와 루터교 간에 현저한 간극이 존재한다고 보았다.

그리고 레싱은 기독교가 예수 이전에 이미 존재했었고 예수는 그것을 발전시킨 선지자라는 것이고, 따라서 그리스도의 종교가 기독교적 종교보다 더 인간적이고 보편적인 종교성을 띠고 있다고 한다. 그리고 그리스도의 종교는 완결된 것이 아니고 역사 속에 변모하고 발전하는 단계에 있다고 본다. 신앙과 인간적인 면 중 인간적인 면을 더 주장했기 때문에 그는 『현자 나탄』을 쓰게 되었고, 이러한 레싱의 신학 전통은 미래에 중요한 위치를 차지하게 될 '인간성의 새로운 문화'의 토대를 놓게 된다.

레싱은 종교의 이름으로 득세하는 증오와 광신이 얼마나 파멸적인 결과를 초래했는지를 인식하고, 가장 중요한 교육수단인 종교와 정치는 인간을 점진적으로 계도하여 이성과 사랑이 지배하는 지점으로 나아가게 해야 한다는 것이다.

레싱은 「그리스도의 종교(die Religion Christi)」란 글에서 "그리스도의 종교(die Religion Christi)"를 "기독교적 종교(die christliche Religion)"와 구분했다.

"결과적으로 그리스도의 종교는 가장 명확하고 뚜렷한 말씀을 지니고 있다. 하지만 그에 반해 기독교적 종교는 너무 애매하고 다의적이어서 특정한 자리를 부여하기가 힘들다."

이로써 레싱의 기독교관은 종전의 신학적 해석과는 다른 입장을 취한다. 레싱은 예수와 기독교를 하나로 보는, '오직 성경' 주장을 루터파의 오류로 본다. 성경의 무오류, 영감에 의한 기록 등을 인정하지 않는 것이다.

어쨌든 루터와 함께 레싱은 새로운 이상적 상태, 즉 황금시대를 시작할 수 있었다. 레싱에게 이성이란 믿음과 관련해서 한 개인에게 신적인 것(Göttliche)에 관한 명확한 상(像)을 중제해줄 수 있는 '구속력 있는 요소'였던 것이다. 그럼에도 불구하고 레싱의 경우 어느 특정한 부분 – 이를테면 원죄 등의 교리이다 – 에서는 그리스도의 신성을 부정하고 있음을 알 수 있다. 레싱은 신비주의자도, 헤른후트 파도, 더구나 루터 정통주의자도 아니었다. 그는 종교적 진리를 추구했고 '참 계시진리'와 '거짓 계시 진리'를 구별하려고 시도했다.

칼 레싱(Karl Lessing)에 보내는 편지에서 레싱은 '묵은 정통(alte Orthodoxie)'을 '깨끗하지 않은 물(unreines Wasser)'에 비유하며, 이를 전체적으로 다음과 같은 틀로 제시했다.[5]

Table 2. Comparison among the old orthodoxy, the Neologen and the purer doctrine

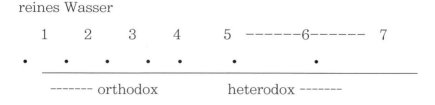

깨끗하지 못한 물은 묵은 정통에서 자유주의자(Neologen)를 거쳐, 결국 종국에는 이합집산, 무신론으로 이르게 하는 '잡동사니 분뇨'로 이르게 한다고 말한다. 이에 반해 깨끗한 물은 루터로 나아

가고 1세기 초대 신앙에까지 거슬러 간다고 한다. 예수의 교훈도 덧붙여진 교리에서 벗어나 사회적 조화와 이웃사랑으로 나아갈 수 있다고 믿는다. 결국 종교를 믿기만 하는 것이 아니라 그 종교의 진리를 이성적으로 파악하고 거기에 따른 행동을 강조하고 있는 것이다. 레싱의 당시 정통(Orthodoxie) 비판은 결국 루터 정신과 원시기독교 정신의 복원이었다고 볼 수 있다.

이로써 레싱은 신에 대한 진지한 경외심을 가지고 있었다고 볼 수 있다. 그는 신비적 초월주의에 거부감을 나타내는 계몽의 입장에는 서 있었지만, 신의 존재를 부정한 것은 아니었다. 다시 말해 기독교가 추구하는 초월성 자체를 신비주의적인 것이라고 비판한 것이 일반적인 계몽주의자라면, 레싱은 도그마한 기독교, 즉 원 기독교 정신에서 멀어진 종교를 비판했고, 이는 역으로 진정한 기독교를 되찾기 위한 노력이라 볼 수 있다. 그래서 레싱은 계몽주의적 기독교인, 혹은 기독교적 계몽주의자로 평가되기도 한다.

어쨌든 레싱은 교리의 기계적 적용이 사랑에 앞설 수 없다는 루터의 사상을 계승하고 있다. 그의 유명한 작품 『현자 나탄』에서 나타난 사상과 종교관은 '신=이성=사랑'의 화해라 볼 수 있다. 또 그것이 실현되는 과정이 바로 신의 계시라 볼 수 있다. 그는 "계시는 이성을 인도하였으며, 이성은 이제 홀연히 계시를 조명해주었다는 것이다.

레싱은 성서를 하나의 문서로 보았고, 전통기독교에서 말하는 계시는 인정하지 않았으며, 성서 해석에 있어 도덕과 이성에서 출발하기 때문에 신학 역사에서 자유신학의 선봉에 설 수밖에 없었다.

2) 친첸도르프의 경우

그러면 친첸도르프의 입장은 어떠한가? 카멘츠에서 태어난 레싱처럼 친첸도르프도 같은 작센 지방 출신 오베른 라우지츠에 있는 그로스헤너스도르프 출신이며 레싱과 동시대인이다. 물론 친첸도르프와 레싱은 각각 1700년, 1729년 생으로 한 세대 차이가 난다. 경건주의를 대표하는 친첸도르프는 존 웨슬리와도 교분을 가졌고 선교에 대한 그의 입장은 당신 큰 반향을 일으켰다.

경건주의는 종교개혁 이후 종교개혁의 정신을 다시 일으키고 삶의 현장에서 개인적 신앙 체험과 실천을 강조한 운동이다. 그렇다고 경건주의가 세상의 삶과 동떨어진 내면적인 면만 강조하지는 않았다.[6] 오히려 실제로 경건주의는 신자의 내면적인 변화를 통하여 세상을 변혁시키고자 하였다.

친첸도르프는 독일 경건주의 운동의 꽃을 피운 사람이라고 할 수 있다. 비록 기존 종교전통에 따르지 않는 비정통적 사상을 일부 지니고 있었지만, 이것은 오히려 복음을 향한 경건의 열심에서 비롯된 것이라 할 수 있다. 친첸도르프의 평가에 두 부류, 즉 젊은 친첸도르프의 거룩함에의 노력과 후기 친첸도르프의 신의 은총 강조 사이의, 혹은 종파를 넘어선 노력과 루터 정통주의 절대성 요구 사이의 긴장이 있지만, 그는 어쨌든 초교파적 형제사랑의 통합을 통해 교회분열을 극복하려고 했다.

친첸도르프는 당대 독일 최고의 문인이랄 수 있는 괴테에게 큰 영향을 주었고– 특히 『빌헬름 마이스터의 수업 시대』의 '아름다운

영혼의 고백' 부분 –, 20세기 현대 신학의 출발이라 할 수 있는 칼 바르트Karl Barth에게도 적지 않은 영향을 주었는데, 바르트는 그의 신학을 높이 평가하고 그의 신학을 발전시켜 나갔던 사람이었다. 바르트는 그를 두고 "가장 위대한, 어쩌면 근대의 유일하고 매우 전형적인 그리스도 중심의 사람이며, 또한 어쩌면 최초로 전형적인, 즉 모든 일에서 생각하고 말하는 교회연합운동가"로 인정하고 있다.

친첸도르프의 사상은 그의 대표 시「마음과 마음이 하나 되어 (Herz und Herz vereint zusammen)」에서 잘 드러난다. 「마음과 마음이 하나되어」(EG 251)라는 제목의 시는 두 번에 걸쳐 개작되었다. 친첸도르프의 시는 지금도 독일 찬송가집에 수록되어 많이 불리고 있는데, 1994년 '독일 개신교 찬송가 EKG' 개편 작업 때도 친첸도르프의 많은 찬송 가사는 유지되었다. 루터 이후 찬송가 가사는 당시의 신앙뿐 아니라 인간 정신의 발전 상황을 보여주고 있다.

친첸도르프의 시작(詩作) 국면은 보통 초기(1713-1720년), 중기(1721-1727년), 후기(1728-1734년), 세 부분으로 나누는데, 하나님을 향한 순수하면서도 날카로운 마음을 나타낸 초기, 약간의 사회적 비판의 톤을 나타내었던 중기, 그리고 부드러운 톤으로 신앙의 경지를 보여주고 있는 말년의 시로 나눌 수 있다. 친첸도르프는 그리스도의 사랑이 우리의 형제 사랑으로 확대되어야 함을 이 시를 통해 강조하면서, 그리스도의 피와 상처 등의 심리적인 부분까지 다루고 있다. 시 형식에 있어서도 자유로운 언어구사를 하고 있는 것이다.

친첸도르프같은 경건주의자들은 학교에서 배우는 고대의 수사학이나 화려하고 장식이 많은 바로크적 언어사용을 거부하면서 단순하고도 어린 아이 같은 순수한 언어의 사용을 강조했다. 하지만 바로크에서 즐겨 썼던 은유적 표현은 자주 등장하는데,[7] 이 시의 다음 부분은 '물' 은유나, '불'과 '빛'의 은유가 사용되고 있음을 알 수 있다.

마음과 마음이 함께 모아
주님 품에서 안식을 찾네
너희 사랑의 불길이
주님을 향해 불 타 올라라
그는 머리시요, 우리는 그의 지체
그는 빛이시요, 우리는 그의 비침
그는 주인이시요, 우리는 그의 형제
그는 우리의 것이요, 우리는 그의 것이라네

또한 친첸도르프는 이 시에서 요한일서 3장 16절에 바탕한 '우리'라는 형제애가 잘 드러나고 있다. '신에 대한 인간의 사랑(Die Liebe des Menschen zu Gott)'과 '인간에 대한 신의 사랑(Die Liebe Gottes zum Menschen)'을 강조했다.

오, 지체들이여
그렇게 변함없는 사랑에 의지하시오.
자기 형제를 위해 목숨도 아끼지 않는
그분
우리를 친구처럼 사랑해 준

그 분
그렇게 그는 피까지 다 쏟으셨으니
당신 스스로가 어려워하고만 있다면
그가 얼마나 맘 아파하실까

그리스도 안에서의 형제 사랑, 이것은 친첸도르프의 주된 신학적
주제라 할 수 있다.

친첸도르프의 문학과 사상은 후대에 많은 영향을 미쳤으며, 문학
의 경우 이를테면 실러(F. Schiller)의 「독일의 뮤즈(Die deutsche
Muse)」에서 친첸도르프의 위의 시에서 보여주는 '물 은유(Wasser-
metaphorik)' – 흐른다, 넘쳐난다, 스며든다 등 – 가 잘 나타나고
있다.

18세기 루터교를 이끌던 지도자들이 '우리 교회', '우리 기독교
정신'이라는 표현을 많이 사용한 것도 이러한 영향이다. 그의 신학
적 전통은 루터의 가르침, 보헤미안 형제 전통으로 보았다. 그래서
여기에는 가장 많이 사용한 단어 중 '형제들(Brüder)'이라는 단어
가 가장 많이 들어가 있다. 친첸도르프는 루터교의 경직된 교리 중
심 사유에서 벗어나 개인의 종교 체험을 강조하는 '가슴의 신학'
을 설파했다.

친첸도르프의 노력은 또 '박애주의적(philadelphisch)'라 할 수 있
다. 친첸도르프는 루터교 신도였으며 비텐베르크와 할레에서 공부
하고 튀빙엔 대학에서 학위를 받았다. 1700년 5월 26일에 경건주
의자 가정에서 태어난 그에게 경건주의 루터교도인 슈페너가 그의
모델이었다. 그는 영적인 삶과 모라비아 이주민들에 관심이 많았

다.[8]

친첸도르프는 새로운 종파를 만들려고 한 사람이 아니라 여전히 잘못된 길을 가고 있는 부패한 가톨릭교회에 개혁을 요구한 사람이었다. 그는 차디차고 삭은 전통 교리에서 벗어나, 경건한 공동체를 만들려고 했다. 즉 '교회 안의 교회(ecclesia in ecclesia)'를 시도했던 것이다.

친첸도르프는 레싱이 말한 성서의 본질, 기독교인 전통, 종교적 관용 등에서 서로 공통점을 가지고 있지만, 두 사람 간에도 차이점은 존재한다. 레싱은 친첸도르프가 기존 루터교회를 비판하고 바꿀 생각은 없는 사람이[9] 라고 말한다. 그러면서도 레싱은 친첸도르프를 '대담한 평신도 친구'로 보았다. 레싱은 루터교가 주님의 인간 사랑, 그의 대속죄물 등에 대해 설교하는 게 아니라 구원 논쟁에만 빠져있다고 하면서, 삶의 문제, 생활의 문제로 눈을 돌리려 한다고 했다. 루터교가 예수의 인간되심을 등한시하고 그의 신성을 오히려 약화시켰다는 것이다.

어쨌든 레싱과 친첸도르프 공히 루터교의 경직된 교권주의에서 벗어나 이성 혹은 계시의 종교적 믿음을 강조했다. 이로써 레싱의 계몽적 이성과 친첸도르프의 경건적 감성의 통합, 혹은 이 둘의 변증법적 조화를 찾아볼 수 있다.

4. 나가며

예수 출현 이후 기독교의 역사는 교회의 탄생과 더불어 종교적 교리화가 늘 있어왔고, 이것이 또한 국가 권력과 야합하면서 종교적 타락이 진행되기도 했다. 중세의 종교관이 이를 잘 반영해 주고 있으며, 마르틴 루터의 종교 개혁도 그릇된 종교관을 다시 바로잡으려는 시도, 즉 왜곡된 구원관, 신앙적 가치 등을 다시 회복시키려고 했던 시도였다. '오직 믿음으로Sola fide'라는 슬로건으로 예수 정신의 참 종교성을 회복하려고 했던 것이다.

하지만 루터의 신학적 전통은 시대가 갈수록 역시 교리화되고 추상화되는 어려움을 겪게 된다. 즉 실제 신앙생활과는 동 떨어진 교리가 강조되다 보니 여러 가지 예수 종교의 가르침이 희석되었으며, 이에 대한 인간의 이성적 요구가 더해진 성경관이 요구되기도 했는데, 이것을 가장 잘 보여주는 작품이 레싱의 『현자 나탄』이다. 여기서 레싱은 종교적 관용, 교회, 교리 중심의 성서관에 대한 문제 제기를 단행하면서 순수 복음 정신을 내세우고 있다.

같은 시대 슈페너, 프랑케, 친첸도르프로 대표되는 소위 독일 경건주의의 발생은 이러한 요구, 즉 생활 속에서의 신앙을 실천하려는 데서 출발한다.

18세기의 시대정신에 따라 탄생한 계몽주의의 기독교 비판은 신앙의 부정이 아니었으며, 단지 문자를 예수와 일치시키며, 일점일획도 오류가 없는 것이라고 주장하는 정통적 경전제일주의와 맹목적 신앙을 경계하였던 것이다. 그리고 레싱의 대표작 『현자 나탄』에 그대로 나타나고 있듯이 타 종교에 대한 관용을 주창하였고 더욱 인간적인 배려, 온유함, 관용, 선행 등을 강조하였던 것이다.

또한 18세기 경건주의는 합리주의의 반대현상이라기 보다는 오히려 보완현상으로 볼 수도 있다. 경건주의자들에게는 교회의 도그마나 전통이 중요한 것이 아니라 건강한 '인간 이성Menschenverstand'을 갖춘 개인의 이성적인 '성찰Nachdenken'이 강조되었다. 이성이랄 수 있는 '머리'에 '가슴'(감성, 마음)을 함께 강조함으로써 균형을 맞추려고 했던 것이다. 감성은 이성 혹은 오성의 편에서서 이성을 보완해야하는 의미였다. 즉 이성은 계시와 대립되는 것이 아니라 계시를 밝혀주는 동반자 역할을 한다. 그래서 독일 계몽주의의 대표작가 레싱은 18세기 종교 논의에서 늘 문제가 된 계시와 이성의 문제를 이러한 상호협력의 관계로 발전시켜 나아가야 한다고 했으며, 이런 관점에서 보면 레싱의 사상은 이성에 대한 신뢰에 기초하면서도 신비주의적 경향도 내포하고 있다.

18세기 말 독일에서는 무신론과 계시종교 간의 제 3의 길로 자연신적 계몽주의 변종이 발생한다. 다시 말해 신이 더 이상 기독교의 인격적인 신으로서가 아니라 파악할 수 없는, 무엇보다 자연 속에서 분명히 드러나는 존재로 이해된다. 이를 이신론(理神論)이라 하였는데, 독일에서는 모제스 멘델스존Moses Mendelssohn과 프리드리히 니콜라이Friedrich Nicolai, 그리고 헤르만 자무엘 라이마루스 Hermann Samuel Reimarus[10] 를 들 수 있다. 인간에게 행복을 보장하고 인간을 진정한 주인으로 내세운다는 계몽의 꿈은 예상과는 달리 결국 원래의 기대에 전혀 보답하지 못하고 있다.

예수에 의해 직접 설파된 '원시기독교', 루터가 보여주는 이신칭의(以信稱義)교리, 생활 속의 '가슴 신학Herz-Theologie'을 추구한 친첸도르프를 비롯한 경건주의자들의 복음주의 정신, 또 당시 또 다시 교리화 되어버린 루터교도들의 추상적 교리를 떨쳐버리고 이성에 입각한 인간적 신앙을 추구한 작가 레싱 등에서 개혁주의 전통을 발견할 수 있다.

믿음과 사고는 뗄 수 없는 관계이다. 오늘날은 경건과 계몽 둘 다 필요하다. 하나님을 아는 진리를 깨닫지 못하는 것도 문제이지만, 디모데후서에서 말한 바처럼 '경건의 능력을 상실한' 현대 크리스천들에게 경건의 능력을 회복하는 것이 더욱 중요하기 때문이다.

참고문헌

김문기 역(2015) : **경건주의(1675~1800)**, Schicketanz, Peter. (2002). Der Pietismus von 1675 bis 1800. 호서대학교출판부.

김유동 외 역(1996) : **계몽의 변증법**, 3. Aufl., Horkheimer, M., Adorno, Th. W. (1947). Dialektik der Aufklärung. 문예출판사 서울.

박민수 역(2008) : **세계철학사**, Störig, Hans Joachim. (1999). Kleine weltgeschichte der philosophie. 자음과모음 서울.

서용좌(2008) : **도이칠란트 · 도이치문학**, 전남대학교출판부 광주.

이은재 역(2009) : **경건주의와 신학자들**, Lindberg, Carter. (2005). The pietist theologians. CLC 서울.

정인모(2012) : **독일문학감상**, 새문사 서울.

정인모(2017) : 독일경건주의 운동 고찰, **독일언어문학**, 제 78집, 237-255쪽.

Brecht, Martin & Peucker, Paul(2006) : **Neue Aspekte der Zinzendorf-Forschung**, Göttingen.

Bouman-Komen, Truus(2009) : **Bruderliebe und Feindeshaß**, Hildesheim.

Kant, I.(1976) : **Was ist Aufklärung?**, Stuttgart.

Lessing, Gotthold Ephraim(1970) : **Werke in 8 Bänden**, hg. Herbert G. Göpfert, München 1970ff. Bd. IV.

Ders.(1970) : **Werke in 8 Bänden**, hg. Herbert G. Göpfert, München 1970ff. Bd. VII.

McCormack, Richard(2005) : **Luther, Zinzendorf and Wesley**, Rev. Peter Anstadt, D. D.

Schneider, Johannes(1953) : **Lessings Stellung zur Theologie vor der Herausgabe der Wolfenbüttler Fragmente**, Gravenhage.

Schrader, Hans–Jürgen(2006) : **Zinzendorf als Poet**, in: Neue Aspekte der Zinzendorf –Forschung, hg. v. Martin Brecht/Paul Peucker, Göttingen.

Sperber, Hans(1930) : **Der Einfluß des Pietismus auf die Sprache des 18. Jahrhunderts**, Deutsche Viertel-jahrschrift, 8. Jahrg.

Wallmann, Johannes(2005) : **Der Pietismus**, Göttingen.

Willmer, Peter(1984) : **Lessing und Zinzendorf: Eine vergleichende Studie zu Lessings persönlichem Glauben**, Vancouver UBC.

Zimmermann, Mattias(2002) : **Der Einfluß des Pietismus auf die deutsche Literatursprache im 18. Jahrhundert – mit einer Analyse zweier Texte von N. L. Graf von Zinzendorf und F. G. Klopstock**, Norderstedt, Grin.

https://goo.gl/images/w35S38

주석

1) 그래서 슈테리히는 '우리 역사의 어느 시대에도 계몽주의 시대만큼 철학이 여론과 사회발전에 강한 영향을 미친 적은 없었다'고 말한다(Störig, 1999; 박민수 역, 2008: 587쪽).

2) 어릴 때 독일 경건주의의 영향을 받았고 독일 계몽주의에 본격적인 골격을 갖추게 한 칸트는 일찍이 「계몽이란 무엇인가?(Was ist Aufklärung?)」에서 계몽은 인간의 '미성숙(Unmündigkeit)'에서 벗어나는 것이라고 정의하였다. 또한 미성숙의 원인을 '소심함(Feigheit)'과 '게으름(Faulheit)'을 들면서 '감히 ... 하려고 시도하라! 너 자신의 이성을 사용할 용기를 가져라!(sapere aude! Habe Mut, dich deines eigenen Verstandes zu bedienen!)'라는 명제를 내세운다. 칸트는 이어 인간은 미성숙상태를 늘 유지하려고 하는데, 이유는 그것이 편하기 때문이라는 것이다(Kant, 1976: 9쪽).

3) 종교적 측면에서는 '경건주의', 문학의 영역에서는 '감상주의'를 일반적으로 사용하지만, 이 둘은 같은 의미로 보아야 한다.

4) 원래 '바른 믿음(rechtgläubig)'이라는 의미를 가진 '정통(Orthodoxie)'은 경건주의 이후 언어의 세속화(Sekularisierung) 과정을 거치면서 '증오에 찬 외침', 일종의 비하하는 욕설로 변하게 된다(Sperber, 1930: 513쪽).

5) 설명:
   1- 온전한 기독 정신; 오염되지 않은 물(Vollkommenes Christentum; ungetrübtes Wasser)
   2- 전통적 기독교; 원시기독교(Traditionelles Christentum: Urchristentum)
   3- 루터의 기독교 정신 의미(Luthers Deutung des Christentums)
   4- 묵은 정통: 깨끗지 못한 물(Alte Orthodoxie: "unreines Wasser")
   5- 자유주의자: 분뇨(Neologen: 'Mißtjauche')
   6- 자유사상가 영역; 이신론; 소시아너; 아리우스 파(Bereich der Freigeister: Deisten, Sozianer, Arianer, usw.)
   7- 무신론(Atheismus)

6) 칸트가 대표적인 예인데, 칸트는 경건주의가 강화된 자기중심주의 때문에 사회론적 혹은 사회적 질문에 관심이 없었다고 하였다(Schicketanz, 2002; 김문기 역, 2015: 34쪽).

7) 경건주의 문학에서 자주 등장하는 은유로는 '물 메타퍼(Wassermetaphorik)', '신부 메타퍼(Brautmetaphorik)', '갈망 메타퍼(Sehnsuchtmetaphorik)' 등이 있고, 이 외에도 '수직 역동(Vertikaldynamik)'을 나타내는 접두사를 사용 -이를테면 신에서 인간으로 향하는 ent-gegen-, herab-, zu-, herzu-, herunter-와 인간에서 신으로 향하는 auf-, hinauf-, aufwärts-, empor-, hinan-, dahin-, himmelwärts- 등이 있어, 하나님과 인간 가슴 간의 교통을 이어주는 단어로 사용되고 있다(Zimmermann, 2002: 10-21쪽).

8) 모라비아는 보헤미아의 한 지역이며, 여기에 종교개혁 이전에는 순교자 존 후스(John Huss)의 신앙을 지키며 살아온 기독교인들이 있었다. 원래 이 지역은, 역사적으로 보지면, 그리스 교회에 속해 있었으나, 9세기 불가리아와 모라비아의 왕이 크리스천으로 개종함에 따라, 또 그리스의 두 수도사 메토디오스(Methodius)와 치칠로(Cyrillus)에 의해 신앙을 받아들였다. 메토디오스는 첫 주교가 되었고 키릴은 성서를 슬라브어로 번역하기도 했다. 그 이후 그들은 로마 가톨릭에 속했으나 종교개혁 시기 동안 개혁자들의 신조를 수용했다. 1621년 교황청의 심한 박해에 많은 사람들이 다시 로마 가톨릭으로 돌아갔고, 신앙을 지키려했던 개신교 신도들은 타 지역, 즉 영국이나 독일의 작센 주, 브란덴부르크로 이주하였다. 이들 중 일부는 크리스티안 다비드(Christian David)의 신조를 가진 자들로, 1722년 모라비아에서 루사티아(독일 동부와 폴란드 서남부에 걸친, 엘베 강과 오더 강 사이의 지방) 상부지역으로 이주하였다. 여기에서 그들은 친첸도르프의 보호 하에 헤른후트 공동체를 형성하여 신앙을 지켜왔다. 종교 박해를 피해 떠나온 많은 피난민들이 헤른후트로 몰려들고, 여기에는 루터교도, 칼빈교도, 보헤미아 형제교도, 심지어 소시언(유니테리언)들도 있어 복잡한 구성 단체를 이루었으나, 친첸도르프는 탁월한 리더십으로 이들 신앙요구를 수렴하여 평화와 조화를 이루어 나갔고, 자신은 아우구스부르크 신앙고백을 하는 루터교도로 계속 남아 있었다(McCormack, 2005: 11-22쪽).

9) 실제로 친첸도르프는 새로운 교단을 만들기보다 끝까지 루터 교단을 떠나지 않았고, 다만 교회와 신앙의 개혁을 도모했다.

10) 레싱과 친분이 있었던 라이마루스는 종교의 신랄한 비판자였으며 대표적으로 『신의 이성적 숭배자를 위한 변론』이 있다.

(신앙과학문 제 23집 3호, 2018)

독일의 경건주의

"열매가 맺혔고, 한 열매가 여기 있도다"
(친첸도르프 시비에 새긴 글)
Es ward gesetzt, Frucht zu bringen und eine Frucht, die da bleibt."

1. 들어가며

기독교의 중심인물 예수의 행적과 가르침은 오늘날까지 인류사에 큰 영향을 미쳐왔음은 주지의 사실이다. 신약성서 사도행전에 기록된 마가 다락방의 오순절 체험 이후 시작된 기독교 교회 공동체의 역사를 보면 나사렛 예수의 원래 복음을 지켜내고 유지하기가 순탄하지 않았음을 알 수 있다. 이에 대해 순수복음을 수호하고 복음의 핵(중심)으로 끊임없이 향하고 그것을 회복하려는 시도가 늘 있어왔다. 결국 세상의 교회공동체란 늘 '불완전' 하기 마련이지만, 시간이 지나면 그 복음의 핵심이 늘 제도화되고 계급화, 세속화되는 것을 피할 수 없었으며, 그럴 때마다 원래 복음의 회복을 위한 끊임없는 노력과 투쟁이 존재했음을 알 수 있다. 초기 교회시대에도 그랬지만, 특히 중세 이후 변질된 복음을 다시 회복하고자 하는 운동이 종교개혁자들을 중심으로 있어 왔다. 종교개혁의 모토가 '개혁적 신앙'이라 할 때, 이 개혁의 의미는 늘 원시 복음을 바탕으로 교회공동체가 새로워져야한다는 것이었다.

이러한 개혁신앙 혹은 복음주의의 갱생운동은 18세기 독일 경건주의 운동에서 확연해진다. 경건주의는 영국 퓨리턴과 더불어 종교개혁 이후 가장 중요한 '종교적 혁신 운동 religiöse Erneuer-ungsbewegung'이었다는 평가를 받고 있다. 경건주의가 물론 17세기 요한 아른트 Johann Arndt의 "진정한 기독교 정신"에서 출발했지만, 일반적으로 18세기에 경건주의의 꽃을 피운 세 사람으로 슈페너, 프랑케, 친첸도르프가 거론된다.

경건주의는 일상생활 속에서 하나님의 은총을 체험해야 한다는 입장이었다. 다시 말해 교리 혹은 제도화된 종교의 모든 담론을 거부하고 생활 속의 복음 정신을 구현해야 한다는 점에서 종교개혁 당시의 '오직 성서 solar scriptura' 신앙과 맞닿아 있다. 또한 '오직 성서'가 생활 속의 '전체 성서 tota scriptura'로 보완되어야 한다는 입장이었다.

이런 면에서 예수의 원시 복음정신은 종교개혁, 18세기 경건주의의 개혁적 신앙전통으로 면면히 이어져 오고 있음을 알 수 있다.

종교개혁자들의 개혁 전통과 마찬가지로, 경건주의는 개인화 (In-divialisierung)와 종교적 삶의 내면화 (Verinnerlichung des religiösen Lebens)의 바탕 위에 개인의 경건과 공동체 삶의 새로운 형식을 발전시켰다. 이는 또한 신학과 교회의 지속적 개혁에 영향을 미쳤고, 그 해당 국가의 사회 문화적 삶에 깊은 흔적을 남겼다.

독일의 경건주의는 학파(철학)와 종파 논쟁, 외형으로 굳어진 전통적 관습기독정신으로 벗어나려고 하였는데, 특히 루터 종교개혁 이후 다시 종교가 교리화되고 루터교가 국가종교 형태를 띠기 시작하자, 개인적 영성과 체험을 강조하며 복음의 핵심으로 돌아가자고 강조했다.

레싱 등 계몽주의자들이 보여주는 종교에 관한 태도 역시 당시 교리화 되어버린 루터교 성직자들에 대한 비판을 보여준다. 다만 계몽주의가 이성을 강조한 이신론에 기반하고 있다면, 경건주의는 '가슴'으로 신의 은총을 강조했는데, 어쨌든 이 둘 다 종교적 도그마에 반대하기는 마찬가지였다. 물론 일반적으로 볼 때, 독일의 경건주의는 당시 계몽주의에 대한 반대주류로 형성된 사조라 할 수 있으며, 계몽주의가 '이성'을 만물의 측도로 보았다면, 경건주의는 인간의 이성보다는 감성, 영성 등에 강조점을 두며, 종교적 측면에서 제도화된 계몽적 교리보다는 신과의 직접적 교통, 신과의 경건한 심적 교류 등을 강조하게 된다.

독일 경건주의는 후대 많은 신학, 철학 심지어 문학에도 영향을 미쳤고, 특히 해석학의 태두라 불리는 프리드리히 슐라이어마허 Friedrich Schleiermacher에 절대적 영향을 미쳤다.[1] 문학 작가에도 영향을 미쳤는데, 이를테면 괴테, 클롭슈톡을 들 수 있다.

독일 경건주의에 대해 국내에서 연구가 어느 정도 연구가 진행되었지만, 오늘날 독일 경건주의를 다시 한 번 고찰해 보는 것도 의미가 있을 것이다. 또한 독일 경건주의 특히 친첸도르프의 신학 및 선교 사상, 문학적 영향에 등에 관한 연구는 아직 미비하기 때문에 더욱 그렇다.

따라서 여기서 독일 경건주의의 개념과 발전 과정을 살펴보고, 또 광의의 경건주의 개념을 강조하는 알브레히트 리츨 Albrecht Ritschl의 분류 범주에 따른다면, 경건주의의 대표자라 할 수 있는 친첸도르프의 사상(혹은 신앙관)을 살펴본다는 것은 매우 의미가 있을 것이다.

2. 경건주의의 개념

경건주의자 '피에티스텐 Pietisten'이라는 용어는 1680년 슈페너의 편지 속에서 처음 쓰였다고 주장되어왔으나, 이는 1674년 슈페너를 따르는 무리를 지칭하는 것이었고, 초창기에는 남독일에서 사용되었다. 이후 1689년부터 프랑케August Hermann Francke를 둘러싸고 '피에티스텐', '피에티스무스'라는 말이 사용되면서 이후 전 독일에 널리 이 용어가 확대되었다. 프랑케의 추종자이자 라이프치히 대학 수사학 교수인 펠러 Joachim Feller는 경건주의자(Pietist)를 정의하면서 "하나님 말씀을 공부하는 사람, 바로 그 말씀에 따라 경건한 삶을 영위하는 자"라고 했다.

19세기에 이르기까지 경건주의는 슈페너와 프랑케에서 출발한 루터 교회내의 종교 운동으로 이해되어져 왔고, 넓게 보면 독일과 스위스의 개혁교회에서의 비슷한 운동으로 인식되어져 왔는데, 이 경우 친첸도르프와 형제 교회는 경건주의에 포함되지 않았다. 그래서 괴테도 "분리주의자, 경건주의자, 헤른후터 Separatisten, Pietisten, Herrnhuter"를 나란히 언급하고 있고, 이러한 좁은 개념은 19세기 전반까지 이어졌다. 하지만 19세기 중후반부터 하인리히 헤페 Heinrich Heppe와 알브레히트 리츨에 의해 경건주의 개념은 확장되었는데, 그 이후 교회사 기술에서 리츨의 이론이 적용되었다. 특히 리츨은 역사적 경건주의 개념을 조직신학적 개념, 즉 "순전히 사적인, 세상과 등지는 기독 정신 rein privates, weltflüchtiges Christentum"으로 대체해 버렸다. 그리고 피에티스무스를 네덜란드 개혁파에까지 확대시켜, 경건주의, 청교도주의, 헤른후트 정신 간의 경계를 없애버렸다.

경건주의를 방대하게 규정하려는 리츨의 견해는 이후 많은 논란을 불러일으켰다. 특히 리츨을 공격하는 입장에서, 영국의 경건주의(퓨리턴)를 리츨이 간과했다는 것이고 리츨이 말한 경건주의 개념은 좀 더 좁혀져야한다는 것이었다. 하지만 20세기 들면서 우여곡절은 있었지만 리츨의 견해가 우세했고, 네덜란드와 청교도 형제교회도 경건주의 역사에 수렴되게 되었다.

독일경건주의 연구는 리츨의 의도대로 다시 "교회적 경건주의"와 "과격한 근본주의"로 나뉘게 된다. 그래서 친첸도르프와 형제교회는 경건주의 연구에 수렴되지 못하게 된다.

리츨은 경건주의가 독일 중세 수도사들의 금욕주의적 신비주의에 뿌리를 두고 있고, 세상 도피적이고 반문화적인 경건성을 추구하는 무리라고 말한데 반해, 막스 베버는 경건적 종교성의 실제적 영향에 초점을 맞추면서, 영국 퓨리턴의 "세상속의 금욕 innenweltliche Askese"으로 해석했다. 세상도피적인 신앙의 비판 대신 경건주의가 긍정적 사회 영향을 주는 시각을 갖게 했다. 더구나 베버의 영향을 받은 칼 하인리히스 Carl Hinrichs는 더 큰 열매를 맺게 되는데, 그는 할레 경건주의를 '사회 개혁운동'으로 보았다. 반면 하르트무트 레만 Hartmut Lehmann의 경우 할레 경건주의가 일반화될 수는 없다고 하면서, 막스 베버가 적용하지 못했던 뷔르템베르크 경건주의 발전을 고찰하였다.

리츨의 경건주의 기본확정에 대해 신학적 비판이 가해지고, 호르스트 슈테판 Horst Stephan이 "교회, 신학, 그리고 일반적 인문 교육의 발전을 촉진한 경건주의" 라는 책의 영향으로 경건주의는 '종교−교회적 개혁운동 religiös-kirchliche Reformbewegung'의 개념이 강해진다.

슈페너의 『경건한 소원들 Pia Desideria』 은 경건주의 원전 Programmschrift으로 설명되는데, 슈페너의 경건주의 본질에 대해서는 두 가지 견해가 있었다. 하나는 슈페너의 개혁 프로그램이 루터의 오소독스Orthodoxie에 대한 개혁이념에서 나왔다는 것이고, 또 하나는 루터 외부의, 이를테면 개혁전통(Jean de Labadie) 혹은 신비적−영적 전통(Kaspar von Schwenckfeld)로부터 나왔다는 것이다. 마르틴 슈미트 Martin Schmidt는 칼 바르트의 경건주의 비판 영향으로 경건주의를 개혁운동으로 보는데 반대했고, 오로지 신학적 현상으로 평가했다. 즉 슈페너의 신학적 기획인 『경건한 소원들』은 경건주의 초석으로 볼 수 있다는 입장에 서 있었다.

이상과 같이 독일경건주의는 학자에 따라 그 시기가 다르기는 하지만[2] , 일반적으로 17세기 후반부터 18세기에 일어난 개인 신앙회복 운동이라 볼 수 있다. 경건주의는 종교개혁 이후 종교개혁 정신을 유지하고 삶의 현장에서 교회의 개혁을 시도했던 운동이었다. 이를 좀 더 자세히 들여다보면, 경건주의는 (1)고전 경건주의 시대, (2)네덜란드, 라인강하류, 브레멘 경건주의, (3)필립 야콥 슈페너 경건주의, (4)프랑크푸르트 마인의 잘호프 Saalhof 중심의 급진적 경건주의, (5)아우구스트 헤르만 프랑케의 경건주의, (6)니콜라스 루드비히 폰 친첸도르프의 경건주의, (7)뷔르템베르크의 경건주의로 나눌 수 있다. 여기서는 슈페너와 프랑케, 그리고 친첸도르프를 중심으로 알아본다.

슈페너, 프랑케, 친첸도르프 각각이 나름대로의 특성을 가지고 있지만(이들 외에도 벵엘 Bengel, 외팅어 Oetinger 등 많은 개혁주의 정신의 인물이 있다), 서로의 공통적인 점을 찾는다면 다음과 같다. 첫째, 우선 그 모든 형태에서 성경을 향하여, 그리고 성경으로부터 온 운동, 다시 말해 성경의 중요성이 중심에 있는 운동이다. 둘째, '거룩한 삶'이라는 주제어로 표현된다. 다시 말해 교리와 삶 사이의 긴장감은 처음부터 있어왔는데, 칭의만으로는 부족하고 언제나 성결이 덧붙여져야 한다. 셋째, 경건주의는 먼저 마음속에 둥지를 터야하고, 어떻게 믿음이 머리로부터 가슴으로 향할 수 있는가하는 심령에 관심이 있는 운동이었다. 그래서 슈페너는 "단순한 학문 속 in bloßer Wissenschaft"에서만 신학이 이루어져서는 안 된다고 말하고 있는 것이다.

이처럼 경건주의는 요한 아른트에서 출발하고, 경건성(Fröm-migkeit)이 담긴 텍스트, 즉 종교서적(Erbauungsbüchern, geistige

Dichtung)까지 포함하는 것으로 보는 '광의의 개념'과, 오소독스 혹은 막 시작된 계몽주의에서 분리된, 사회적으로 파악할 수 있는 종교적 쇄신운동을 일컫는 '협의의 개념'이 공존하고 있다.

3. 경건주의의 발전 단계

앞서 말한 대로 독일 경건주의의 출발은 요한 아른트로 볼 수 있지만, 경건주의가 태동하는데 결정적 역할을 한 사람은 슈페너 Spener이다. 그는 소그룹 모임을 시작했으며(이는 가톨릭의 고해성사를 대체하기 위한 것이었다), 이 소그룹의 신학적 의미는 만인제사장의 바탕 위에 이루어졌다는 것이다.

"조용하고 온화하며 부드러운 상(像)"을 지녔던 슈페너는 1635년 현재 프랑스 땅인 라폴츠봐일러에서 태어났다. 그는 가까이 있는 슈트라스부르크에서 학업을 했으며 이후 슈트라스부르크 선생들에게 영향을 주었고 나중에 바젤로 가서 활동하기도 했다.

이후 그는 프랑크푸르트 대표 목사, 드레스덴 궁정수석 목사, 베를린 감독교구장이라는 세 가지 직무를 가지면서 자신의 이상을 실현하고자 했다. 슈페너가 프랑크푸르트에서 짧은 세월 안에 이루었던 중대한 영향은 무엇보다 그의 설교와 교리문답교육에서 비롯되었다. 설교 외에 또 슈페너는 청소년과 아동을 위한 양육과 종교교육에 관심을 가지기도 했다.

슈페너의 대표적인 저작 『경건한 소원들』은 후대에 많은 논쟁을 일으켰지만, 그의 개혁적 성향을 거침없이 표현한 역작으로, 후대 경건주의에 지대한 영향을 미치게 된다.[3] 그의 중재적 통합적 신학과 삶의 태도는 후대에 큰 영감을 주었다. 그래서 교리와 삶의 관계는 이제부터 이론적인 요구에 머무는 것이 아니라 실천적이고 그리스도인의 삶의 이상으로서 받아들이게 되었다.

슈페너가 이 책에서 제시한 제안들은 단순하면서 매우 직선적이었는데 내용은 다음과 같다.

- 가정생활과 전통적인 설교를 벗어난 성경의 폭 넓은 활용
- 루터가 가르친 '영적인 제사장직'의 확립과 시행
- 사랑의 실천과 선행의 종교로서의 기독교 강조
- 종교적 논쟁에 있어서 기도와 온유한 정신의 필요성 강조
- 성경, 경건서적, 집회를 통한 목회자들의 경건훈련 강조
- 경건성과 거룩한 삶을 지향하는 설교 강조

슈페너는 평신도들의 역할을 성직자, 정치지도자에 상응할 정도로 높이려고 했고, 이에 따른 지역교회의 구조적 변화를 요구했으며, 가톨릭에서 내려오는 고해제도를 '은밀한 집회'로 대체하려고 했다. 이것은 만인제사장, 모든 신자의 영적인 제사장직을 기초로하고 있으며, 이러한 발상 전환은 새롭게 다듬어지고 새로운 생명을 얻게 되었다. 따라서 그가 주창한 '작은 교회 구조', '경건한 모임'은 이러한 맥락에서 이해할 수 있다. 그는 이러한 제사장직을 실제로 적용하기 위해 교회 안에 장로회를 구성할 것을 제안하기도 했다.

그 다음, 이러한 초기 경건주의 운동 중 교회적이고 세속적인 구조들, 계층들에 자극을 주어 새로운 공동체를 구성하려는 시도가

있었는데, 이것의 대표적인 사람이 소위 할레 경건주의 대표자인 프랑케라 할 수 있다. 1663년 뤼벡에서 태어난 프랑케는 세상 도피적 공동체보다는 자신들 주위 일상생활에서 상황을 중요시 하고 교회와 사회를 새롭게 하고 종교적 실천 속에서 할레에 고아원을 설립하게 된다.

그는 또한 소그룹 모임을 성경공부 모임으로 발전시킨 사람이었으며, 모두가 성경해석자라는 전제로 성경교사로서의 역할을 강조했다. 또 그는 독일경건주의를 사회복지 차원에까지 반석 위에 놓았던 사람이다. 교육을 중시했던 그는 할레 대학에서 하나님의 만유주권사상을 표방하고 전파하려고 했다.[4] 그가 추구한 교육, 영성, 복지의 정신은 당시 프로이센의 빌헬름 1세에 감동을 주어 수많은 고아원, 양로원 등의 시설이 생겨나기도 했다. 프랑케는 성령의 조명을 강조하였고, 경건주의 개혁정신을 사회 복지 차원에까지 끌어올리려고 시도한 사람이었다.

프랑케 경건주의의 강조점을 말하자면 다음과 같다:
- 회심 체험, 오늘날 '기독교 체험의 심리'라는 것에 대한 강조
- 기독교적인 양육, 특히 훈련, 규율, 생활규칙 면에 대한 강조
- 이웃과 곤궁한 사람들에 대한 선행의 강조

마지막으로 독일 경건주의를 꽃 피운 사람이라 할 수 있는 친첸도르프를 들 수 있다. (그의 신학 사상과, 그의 사상이 집약되어 있는 헤른후트 공동체)가 그 중심에 있다. 친첸도르프와 그의 공동체 헤른후트는 하나님의 말씀을 순수하게 받아들이고, 복음주의 정신에 충실한 인물

이자 신앙공동체였다고 말할 수 있을 것이다. 또한 프랑케가 경건주의 사상을 복지로 꽃 피웠다면 친첸도르프는 선교로 꽃을 피운 사람이다.

1700년에 태어난 친첸도르프는 초기 종교개혁자 후스의 신앙을 계승하며 추방된 후스파를 위해 헤른후트에 거처를 만들었다.[5] "공동체 없는 기독교는 인정하지 않는다"라는 저 유명한 친첸도르프의 선언에 따라, 헤른후트는 개인적인 신앙을 공동체로 확대하는 인식을 갖고 있었다고 볼 수 있다. 그는 1727년 8월 13일 모라비아 공동체를 세웠는데, 이들의 경건주의를 모라비아 교회라고 하였다. 모라비아 전통들은 무엇보다도 평신도 직무와 교회권징에 있었다.

이 모라비아 주의는 선교에 엄청난 열정을 가지고 향후 100년 동안 전 세계 복음 선교에 심혈을 기울인다.[6] 모라비아는 친첸도르프 경건주의의 최상의 결실이라고 할 수 있으며, 수적으로는 극소수였지만 영적인 유산과 업적은 엄청나다. 그리고 해석학과 현대신학의 아버지라 불리는 슐라이어마허를 배출하였다.

4. 친첸도르프의 경건주의

친첸도르프는 독일 경건주의가 한창 무르익을 즈음인 1700년에 독일 드레스덴에서 귀족의 신분으로 태어났다. 네 살 때 어머니가 다시 결혼을 하는 바람에 혼자 살고 있던 외할머니 헨리에테 카타리나 폰 게어스도르프 손에서 자라게 되는데, 그녀는 손자에게 존경과 순종, 극기와 겸허, 진리에 대한 사랑과 정직을 교육하였다.

그의 외할머니가 친첸도르프의 신앙과 심성을 기초 놓았다 할 수 있을 것이다.

친첸도르프의 종교사적 업적이라면, 무엇보다 "주님에 대한 개인적 사랑"을 강조하면서 "종교적 개인성을 인식하고", "교회의 하나됨을 유지하려고" 시도한 사람이었다.

여기서 교회의 하나됨이란, 첫째, 그리스도인이라 자처하는 어떤 사람이 있을 때, 내가 그 사람을 잘 알게 되어서야 비로소 그 사람과 성령 안에서 하나가 되었다고 말할 수 있다. 둘째, 모든 사람에게 찾아오는 하나의 영과 일치를 이룬 사람은 나와 똑같은 진리를 소유하고 있으며 나와 같은 기초 위에 서 있다. 셋째, 하지만 실제로 나는, 오직 같은 제도 안에서 같은 방식으로 구성원이 된 사람들과만 한 몸을 이룬다는 의미이다.

친첸도르프는 원래 법률 행정가였지 신학자는 아니었지만, 늦게 목사 안수를 받고 목사가 되어 설교를 하게 된다. 친첸도르프의 신학은 전체적으로 볼 때 예수 그리스도가 중심에 서 있다. 즉 그리스도를 이념으로서가 아니라 십자가에서 고난 받으시고 죽으신 하나님의 아들로 이해한 것이다. 그다음 초교파를 지향하는 그의 교회론이다. 그리고 부단히 성결한 삶을 위해 행동하는 실천적 기독교를 강조하게 된다. 그리고 그는 그리스도 교리를 체계화하여 퍼뜨리는 것을 반대하고 교리가 체계화되고 교리화되는 것을 거부하였다. 그는 제도적인 측면보다는 살아있는 유기체적 본질을 강조하였다. 즉 그는 교회란 세밀하게 짜인 공동체(작은 무리)라고 생각했다.

루터가 '숨어 계신 하나님'을 강조했다면, 친첸도르프의 신학을 한 마디로 말하자면 '깊은 하나님' 체험이다. 그는 측량할 수 없는 하나님의 신비주의적 사색의 필요성을 역설하였다.

친첸도르프는 아동 사역에도 힘을 쏟았는데, 1727년 8월 13일 어린이의 가치를 중시하고 '어린이 각성운동 Kindererweckung' 을 일으키게 된다.

그리스도의 공동체 헤른후트는 42개의 규칙을 담고 있으며, 중요한 내용으로, 헤른후트 공동체를 위해 개인소유물이 거부되었고 매우 많은 구체적인 단체 행동들이 나와 있다. 교회 안의 작은 공동체를 인정했으며 아우구스부르크 신앙고백을 택하였다.

또 헤른후트 공동체는 1727년 8월 31일 '주의 만찬' 의식에서 사도행전에 나오는 오순절 성령체험을 하게 된다. 모라비아 교회는 이 각성을 줄곧 '연합형제단의 갱신된 교회' 의 탄생일로 기념해 왔다. 친첸도르프가 중심된 헤른후트 공동체는 1740년경에는 독일 형제교회의 전성기를 가져오게 했다.

헤른후트의 디아스포라 정신은 후대 선교에 큰 영향을 주었다. 그 이후 수십 년 동안 부흥운동, 선교학교 설립, 그리고 우리에게 친숙한 성서공회 설립의 모체가 되었다.

그리고 지금도 이 공동체는 헤른후트라는 드레스덴 근처의 지명으로 자리 잡아, 많은 기독교 단체들이 순방하는 유명한 공동체로 자리 잡고 있으며, 무엇보다 자신들의 단체 YMAM Herrnhut 소식지 〈The Water Castle〉과 많은 독일 기독교인들이(루터교도들도 포함) 매일 즐겨 읽는 〈로중 die Losungen〉을 펴내고 있다. 그는 또한 '범종파적 형제공동체 überkonfessionellen Brüdergemeinde'

를 만드는데 성공하였다.[7]

결국 친첸도르프는 독일 경건주의 운동의 꽃을 피운 사람이라고 할 수 있다. 비록 기존 종교전통에 따르지 않는 비정통적 사상을 지니고 있었지만, 이것은 오히려 복음을 향한 경건의 열심에서 비롯된 것이라 할 수 있다. 친첸도르프의 평가에 두 부류, 즉 젊은 친첸도르프의 거룩함에 대한 노력과 후기 친첸도르프의 신의 은총 강조 사이의, 혹은 종파를 넘어선 노력과 루터 정통주의 절대성 요구 사이의 긴장이 있기도 했지만, 그는 어쨌든 초교파적 형제사랑의 통합을 통해 교회분열을 극복하려고 했다.

교회사에서는 친첸도르프가 경건주의를 극복한 사람으로 정리되기도 하지만, 그를 경건주의 전통에서 떼놓을 수는 결코 없는 것이다.

5. 나가며

경건주의는 종교개혁 이후 종교개혁의 정신을 다시 일으키고 삶의 현장에서 교회를 새롭게 하고자 일어난 운동이다. 그렇다고 경건주의가 세상의 삶과 동떨어진 내면적인 면만 강조한 것[8]은 아니다. 오히려 실제로 경건주의는 신자의 내면적인 변화를 통하여 세상을 변혁시키고자 하였다.

독일경건주의는 복음주의[9] 정신을 구현하려고 노력한 18세기 종교혁신 운동이었다. 여기서 간단히 살펴본 슈페너, 프랑케, 친첸도르프의 경건주의 운동은 각기 그 스타일이 약간은 달랐지만, 하나님 말씀에 보다 순종, 즉 더욱 철저히 복음주의에 근접하려는 노력의 일환이었다고 볼 수 있으며, 이는 후대에 복음주의 운동에 지대한 영향을 끼쳤다고 볼 수 있다. 특히 친첸도르프의 신학 사상, 그가 주도했던 공동체 헤른후트, 또 그것을 선교로 발전시킨 모라비아 주의는 교회사적으로 매우 중요한 의미를 지닌다.[10] 친첸도르프와 헤른후트가 루터교 안에서 개혁을 시도했던 슈페너와 프랑케와는 달리, 완전 독립적 형제 공동체를 만드려고 했다는 점에서 이 두 사람과의 차이는 있지만, 친첸도르프는 루터의 복음주의 사상을 그대로 전달받고 있다고 볼 수 있다. 베터만 Bettermann의 견해처럼 루터와 경건주의의 신앙적 방침은 서로 상반되는 게 아니라, 친첸도르프 등의 경건주의가 루터의 "개혁적 경건성의 힘 Kraft der reformatorischen Frömmigkeit"을 가지려는 운동이었다고 말한다.

친첸도르프가 종파, 교파를 초월한 형제 사랑에 기초하고 있듯이, 독일 경건주의의 업적이라면, 당시 루터주의, 칼빈주의 등 종파로 나눠진 시대에, 복음으로 하나되게 묶는 역할과 나사렛 예수의 원복음에 근접하고자 하는 시도를 보여주었다는데에 있을 것이다.

19세기 이후 영국으로는 존 웨슬리와 영국복음주의로 길을 열고, 대륙에서는 신칸트학파인 리츨 같은 신학자들의 사회윤리신학으로, 또한 슐라이어마허 같이 낭만주의적 주지주의로, 이어 자유주의 신학으로 길을 열었던 데에 경건주의 전통의 영향을 빼놓을 수가 없다.

여기서는 독일 경건주의의 특징을 슈페너, 프랑케, 친첸도르프를

중심으로 개관해 보았고, 특히 친첸도르프의 찬송가 가사를 예로
들어 그의 문학적인 면도 간단히 살펴보았다.

참고문헌

맥그라트, 알리스터(2012): 복음주의와 기독교의 미래(신상길 · 정성욱 역), 한국
　　　　　장로교출판사.

쉬케탄츠, 페터(2015): 경건주의(김문기 역), 호서대학교출판부, 2015.

스나이더, 하워드(2010): 교회사에 나타난 성령의 역사(명성훈 역), 정연, 2010.

심창섭 · 박상봉(2005): 교회사 가이드, 4판, 아가페문화사 서울.

이재근(2015): 세계 복음주의 지형도, 복있는사람.

Bouman-Komen, Truus(2009): Bruderliebe und Feindeshaß, Hilde-
　　　　　sheim.

Brecht, Martin/Peucker, Paul(Hg.)(2006): Neue Aspekte der Zinzendorf-
　　　　　Forschung, Göttingen.

Broadbent, E. H.: The Pilgrim Church(1992): 순례하는 교회(전도출판사 편
　　　　　집부 역), 전도출판사.

Brockhaus Enzyklopädie(1974), 17. Aufl., 20. Band, München.

Gärtner, Friedrich(1953): Karl Bart und Zinzendorf, Chr. Kaiser Verlag,
　　　　　München.

Hauss, Friedrich(1992): Väter des Glaubens, 3. Aufl. Holzgerlingen.

Lasch, Alexander(Hg.)(2009): Mein Herz blieb in Afrika, Hildesheim.

McCormack, Richard D.(2005): Luther, Zinzendorf and Wesley, Texas.

Olsthoorn, Thea(2010): Die Erkundungsreisen der Herrnhuter. Mission-
　　　　　are nach Labrador, Hildesheim.

Sallaberger, Walther(2013): Das Gilgamesch-Epos, C.H.Beck, 2. Aufl.,
　　　　　München.

Spener, Philipp Jakob(1995): Pia desideria. Umkehr in die Zukunft, 5.

Aufl., Gie ß en.

Wallmann, Johannes(2005): Der Pietismus, Götttingen.

Zimmermann, Mattias(2002): Der Einflu ß des Pietismus auf die deutsche Literatursprache im 18. Jahrhundert - mit einer Analyse zweier Texte von N.L. Graf v. Zinzendorf und F.G. Klopstock, Norderstedt, Grin.

주석

1) 슐라이어마허의 해석학 골조는 이성보다는 감성에 의존해야한다고 보았고, '무한성에로의 절대적 의존 schlechthinige Abhängigkeit vom Unendlichen'을 표방하였다.

2) 이를테면 하워드 스나이더는 1600년대 초, 독일의 루터교 목사인 요한 아른트부터 시작하여 1971년 존 웨슬리가 죽을 때까지, 약 두 세기 기간에 일어난 것으로 보며(하워드 스나이더, 『교회사에 나타난 성령의 역사』, 명성훈 역, 서울 2010, 77쪽), 페터 쉬케탄츠는 1675년부터 1800년 사이로 본다(페터 쉬케탄츠, 『경건주의』, 김문기 역, 충남 2015, 3쪽). 이처럼 엄밀히 말하자면 경건주의는 역사적인 시대범위를 정확히 정할 수 없다.

3) 그래서 경건주의의 급속한 확장을 하는데 공헌한 이 책을 루터의 95개 조항에 비유되기도 한다(Wallmann 2005, 91쪽).

4) 프랑케는 신앙을 실제 사회 복지나 교육에 접목하려고 했던 할레 대학 중심의 경건주의 운동을 주도했다. 우리 한국에 최초로 보령 앞 바다에 들어와 한 달 머물면서 복음을 전하려했고, 감자, 포도 재배법을 가르쳐주었던 귀츨라프가 바로 프랑케가 세운 할레 대학 출신 선교사였다.

5) 친첸도르프의 영지에 속했던 후트베르크 Hutberg라 불리는 숲에 친첸도르프 일행은 자기들이 손수 집을 지어 공동체를 이루었는데, 이를 헤른후트라 하였다. 이는 '주님의 모자'라는 뜻이다(Broadbent/전도출판사 편집부 역 1992, 330쪽).

6) 헤른후트는 케리보다 60년 앞선 선교의 원조라 볼 수 있다. 이들의 선교 방법은 거의 자비량이고 하층민을 전도하기 위해 본인 스스로 노예가 되는 것을 서슴치 않았고, 100년간의 기도 체인을 만들어 약 2,000명의 선교사를 파송하는 대기록을 남기게 된다. 친첸도르프, 모라비아주의, 디아스포라 사역과 선교는 뗄래야 뗄 수 없는 이들의 기본 정신이 된 것이다.
또 존 웨슬리와 관련한 유명한 또 일화가 있다. 1735년 웨슬리가 선교사로 미국 조지아 주에 파송되었다가 별 성과 없이 귀국하는 중 풍랑을 만나게 되는데, 거친 풍랑도 아랑곳하지 않고 태연하게 모임을 계속하고 있는 모라비안 교도들을 보고 충격을 받는다. 당시 227명의 인원이 배 두 대에 나눠 타고 가고 있었는데, 그 중 27명이 모라비안이었다. 거친 풍랑이 갑판을 삼키고 거의 배가 전복될 상황이었는데도 모라비안들은 조용히 찬송을 부르는 것이었다. 웨슬리가 놀라서 '두렵지 않느냐'라고 했을 때 "아닙니다. 나는 하나님께 감사합니다."라고 했고, 아이들과 부녀자들도 전혀 두렵지 않다고 하는 말에 충격을 받는다. 이 체험을 한 후 웨슬리는 이듬해 독일로 건너가 모라비아 목사 슈팡엔베르크 A.G. Spangenberg를 만나 그곳에서 그들과 함께 경건훈련을 하기도 했다(McCormack 2005, 15-16쪽 참조).

7) 이에 대한 유명한 일화가 있다. 당시 헤른후트에는 보헤미안 후스 후예와 메렌 지역 추방자들(30년 전쟁 이후)이 섞여 있었는데 이 두 파 간 다툼이 생겼다. 메렌 출신 자 중 Christian David는 자기 공동체와 루터교와는 구별하려고 하면서, 루터교를 Babel로 규정하기까지 하려고 했으나, 이때 당시 드레스덴 공직에 있었던 친첸도르프가 휴가 때 이것을 보고 종파적 분열과 분파 혼란을 특유의 카리스마로 극복하여 문제를 해결하였다(Wallmann 2005, 188쪽 참조).

8) 칸트가 대표적인 예인데, 칸트는 경건주의가 강화된 자기중심주의 때문에 사회론적 혹은 사회적 질문에 관심이 없었다고 하였다.

9) 맥그라스는 복음주의에서 다음 중요한 다섯 가지가 중요한 의미를 지닌다고 말한다. 첫째, 복음주의는 예수 그리스도에 대하여 모든 정상적인 인간의 범주를 초월하는 용어로 말하거나 생각하지 않고는 그에 대한 신약성경의 증거에 충실할 수 없다는 것을 항상 주장해 왔다. 둘째, 예수 그리스도의 신성에 대한 복음주의의 전적인 확신은 일련의 신학적이고 영적인 진리들을 보수하는데 있어서 매우 중요하다. 셋째, 복음주의는 그리스도의 십자가의 중요성을 특별히 강조한다. 넷째, 그리스도 때문에 믿음을 통하여 의롭다함을 얻는 것은 칭의의 토대뿐 아니라 칭의의 방편에까지 미친다는 것을 확증해 준다. 다섯째, 그리스도의 위엄과 영광에 대한 이러한 강조는 복음주의자들을 자연스럽게 복음전도로 인도하게 된다(맥그라트/신상길·정성욱 역 2012, 70-72쪽).

10) 모라비아 교도들은 일반적으로 독일의 경건주의보다 '만인제사장직'을 한 걸음 더 앞서서 구현했다. 그리고 모라비아 교도들의 체험에는 몇 가지 새로운 방식으로 '작은 교회 문제'가 부각되었다. 그리고 모라비아 교도들의 체험은 갱신에 대한 원래의 열정과 비전을 다음 세대로 전하는 영향력이 있었다. 모라비아 주의는 독일 이외의 지역에 대하여도 상당한 영향을 주었다. 마지막으로 모라비아 교도의 강력한 선교사역 추진은 교회의 삶과 갱신에 있어 선교의 문제를 폭 넓게 제기하는 눈을 뜨게 해주었다고 볼 수 있다(스나이더/명성훈 역 2015, 194~197쪽).

(독일언어문학 제 78집 (2017))

'경건'의 현대적 의미

"5분간의 도움이 열흘간의 동정보다 낫다.
Fünf Minuten Hilfe sind besser als zehn Tage Mitleid."
(루마니아 속담)

1. 들어가며 — 지성과 영성, 혹은 이성과 감성

21세기 포스트모더니즘 시대를 살아가는 오늘을 일컬어 감성의
시대라고 한다. 물론 이성적 사유나 철학적 내성도 강조되긴 하지
만, 실제 생활에서는 감성이나 감각이 우리의 생활 방식에 더 큰 영
향을 미치는 것 같다.

지난 번 미쏘마 포럼 1회에는, 18세기 독일 사상의 지형도를 통해
'지성'과 '영성', 혹은 '계몽'과 '경건'의 관계에 대해 알아보
았다.[1] 물론 정확한 시점이라 단정하기는 곤란하지만, 대개 데카르
트의 코기토 선언 이후 인간의 이성이 모든 사유 혹은 생활 영역의
중심이 되고, 이에 반대급부로 등장한 독일의 경건주의는 인간의
감성과 심장 Herz을 주장하며 나섰다. 하지만 지성과 감성의 분립
이라는 이러한 이분법적 사고는 오늘날까지도 우리의 사고에 영향

을 미치고 있다. 특히 문제가 되는 것은, 감성보다 이성적인 부분이 약하면 혹독한 비난을 가하는 경향이 있는데 반해, 정서적으로 약한 점이 있다면 그 평가가 후한 경향이 있어왔다.[2] 하지만 감정적 기초는 매우 중요하며, 특히 경건과 관련해서는 더더욱 이 부분은 간과할 입장이 못 된다. 어쨌든 이 두 부분의 수렴 가능성을 가늠해 본 것이 지난 번 미쏘마 포럼 1회 때의 강연 주제였다고 할 수 있다.

현대에 이르는 서양 사상을 거칠게 정의하자면, 계몽주의 이후 신학의 흐름의 주류를 결국 무신론적 계몽주의, 더 나아가 이신론, 무신론으로 나아가게 되었고, 오늘날 우리는 '신 없는 인문주의 Humanismus ohne Gott' 시대를 살아가고 있는 것이다.

여기서는 이러한 문제점에서 출발한다. 즉 오늘날 감성의 시대라지만 기계화된 문명에서 살아가는 우리들에게 기독교적 복음을 실행하기에 어떠한 신학적 바탕이 필요한 것인가? 다시 말해 교리화되고 이성화된 관점에서 이것을 다시 엎어 갈고 새로운 감성으로 자극이 될 만한 방법을 개혁적 신학에서 찾아볼 수 있는지를 생각하게 한다.

따라서 본 논의는 현대 모던 개념의 출발이라 일컫는 독일 낭만주의 이념에서 출발한다. 그중에서 독일 낭만주의는 다른 유럽 국가들에 비해 그 범위나 임팩트가 강하며, 시기적으로도 가장 길었다고 볼 수 있다.

여기서는 낭만주의 대표적 철학자이자 사상가인 슐라이어마허 F. Schleichermacher의 감정신학이 보여주는 감성 부분이 후대 유럽

신학에 어떤 영향을 미쳤는지, 또 이 이 감정 신학이 오늘날 동감 혹은 공감신학으로 발전하면서 이것이 어떤 역할을 할 수 있는지에 초점을 두고 우선 살펴볼 것이다. 그리고 또한 이러한 감정, 혹은 동감신학이 경건과의 어떠한 관계를 가지는가, 오늘날 현대를 살아가는 수많은 사람들이 기독교적 신앙으로 정신적, 영적, 육체적 회복을 기대한다면, 딱딱하고 교리화된 이론 강화에서 참 경건을 지향하는 감정, 동감 중심의 신학이 강조되어야 하지 않을까, 이것이 여러 가지 치유의 방편으로 작용할 수 있는 가능성을 타진해 보는 것은 의미 있을 것이다.

이러한 연구가 앞서 말한 데이터 중심 세계관, 혹은 굳어진 신앙 세계에 어떠한 작은 자극이라도 줄 수 있을 거라는 희망을 가지고서 말이다.

2. 독일 낭만주의와 슐라이어마허의 감정신학

1) 독일 낭만주의의 특징

낭만주의 이념에 가장 영향을 많이 준 철학자로 보통 세 사람을 든다. 요한 고트립 피히테 Johann Gottlieb Fichte와 프리드리히 빌헬름 쉘링 Friedrich Wilhelm Schelling, 그리고 프리드리히 슐라이어마허이다.

주지하다시피 피히테는 칸트의 영향을 받아 자신의 철학으로 '자아 das Ich'를 내세웠는데, 이 자아가 외부 세계의 모든 것, 즉 '비자아 Nicht-Ich'를 파악하는 것이라고 하면서 주관주의를 강조했다. 동시에 이 자아는 이 세상의 창조자이자 주인이라고 하였다.

쉘링은 자연철학자로서, 자연과 정신이 그에게는 하나였고, 우주의 모든 것에 영혼이 깃들어있다고 생각했다. 그리고 예술이야말로 모든 철학 중 가장 수준 높은 철학이며, 이 지상에서 가장 수준 높게 창조된 것이라는 신념을 갖고 있었다. 지식과 믿음, 철학과 종교는 낭만주의자들에게는 하나였으며, 종교가 물론 모든 예술의 토양이었다.

세 번째로 꼽을 수 있는 슐라이어마허에게 종교란 함께 묶어진 감정, 즉 각 개개인이 무한성과 하나 되는 것을 말한다. 다시 말해 종교란 그에게 있어 "무한성에의 절대 의존 schlechthinige Ab-hängigkeit vom Unendlichen"인 것이다. 그에 따르면 종교란 개체가 무한자와 하나가 되는 감정으로서, 역사와 형이상학에 나타나는 것이 아니고 무한자를 바라볼 때 가능하다는 것이다.

위의 세 철학의 기저로 탄생한 독일 낭만주의는 이 외에도, 질풍노도 Sturm und Drang 사조, 헤르더, 루소 등의 영향을 크게 받았다.

독일 낭만주의는 계몽주의가 지향했던 이성 중심의 사유의 틀을 거부하고 인간의 자유로운 감정 혹은 심성을 무한껏 표출하려고 했다. 그리고 고전주의가 조화, 절제, 완전성 등을 강조했다면, 낭만주의는 꿈, 감정, 무한성 등을 추구하는 경향이 있었다.

독일 낭만주의는 통상 초기 낭만주의와 후기 낭만주의로 나눠진다. 전기는 바켄로더, 슐레겔, 노발리스가 중심이 되어, 혁명적, 전

위적, 형식 파괴적, 우주적 예술을 표방했다면, 후기 낭만주의는 복고적, 반동적, 중세 지향적, 국수적 성격을 지닌다. 전기 낭만주의가 예나 중심으로 생겨났다면, 후기 낭만주의는 하이델베르크, 베를린 등이 중심이 된다. 특히 전기 낭만주의는 포스트모더니즘 생성 시기에 모더니즘의 뿌리를 찾던 1960년대에 재조명되면서, 근대성의 시작으로 부각되었다. 프리드리히 슐레겔의 저 유명한 〈Athenäum 116〉의 명제 "낭만주의 문학은 진보적 우주(보편)문학이다 Die romantische Poesie ist eine progressive Universalpoesie"가 이를 뒷받침 해 준다.

여기서 '진보적'이라는 말은 낭만주의 문학이 고전주의처럼 완결성 속의 예술이 아니라, 늘 '생성도상 im Werden'에 있는 것을 의미하며, '자기부정 Selbst-Vernichtung'과 '자기창조 Selbst-Schöpfung'의 끊임없는 변증법적 과정 속에 놓여 있고, 이것은 '낭만주의 아이러니 romantische Ironie'로 표현된다. 반면 보편적(우주적)이라는 말은 모든 문학의 장르, 혹은 학문 간의 영역이 서로 접촉하여 통합되는 것이 바람직하다는 의미를 담고 있다.

낭만주의에 대한 평가는, 독일정신이 낭만주의를 기점으로 진정한 개화를 했다는 긍정적 평가와, 비합리적 공상적 요소를 지닌 낭만주의가 결국 허무주의를 가져오고 정치적으로는 봉건적이고 부르주아적 성격으로 인해 복고적이고 반동적인 운동을 초래했다는 부정적 평가가 서로 상존하고 있다.[4]

어쨌든 슐라이어마허의 '무한성에의 절대 의존' 감정은 이러한 낭만주의 사상과 맞닿아 있음을 알 수 있다. 낭만주의에서의 자기 부정과 자기창조의 변증법에 따른 낭만적 아이러니가, 슐라이어마 허에서는 신의 은총에 대한 끊임 없는 감정이양과 맥을 같이 한다 고 볼 수 있다.

2) 슐라이어마허의 사상

슐라이어마허는 오늘날 폴란드의 브로크로브에서 1768년 개혁교 회 목사의 아들로 태어나 14세 때 경건주의 학교에서 수학, 그 이후 친첸도르프의 헤른후터 형제들이 운영하는 니스키 콜로키움 Niesky Colloquium에서 수학, 또 경건주의 신학교인 바비 Barby 신 학교에서 신학을 공부하였다. 1787년에는 할레 대학에서 고대철학, 칸트 등 현대철학 등을 연구했고 1790년 개혁교회 목사가 되어 여 러 활동을 하게 된다. 그 당시 베를린은 하이델베르크와 더불어 후 기 낭만주의의 중심지였고 슐라이어마허는 낭만주의에 영향을 주 고받았다.

슐라이어마허에게 있어 낭만주의는 계몽주의의 지나친 합리적이 고 경직된 사유에 대한 반작용으로 나타난 사조였으며, 계몽주의에 대해 그는 인간의 감정과 상상력, 직관, 탄력 있는 수용 등을 강조 하였다. 그에 있어 진정한 신앙은 대표작 『신앙에 관하여』에서 드 러나지만 교리와 무관하며, 그것은 보편적 인간의 '감정'의 문제 로서, '살아계신 하나님과의 직접적 관계'를 강조하였다.[5]

1804년에 그는 할레 대학에서 교목과 같이 학생, 교수를 위한 설 교자로 임명되었고, 1834년 그가 죽기까지 말년에는 플라톤의 책을 번역하고 윤리학, 철학, 종교서적(특히 예수의 생애) 등 많은 책을 저술하였는데, 그 중 1821년-1822년에 씌어진 그의 대표작 『기독교 신앙』은 칼빈의 『기독교 강요』 이후 가장 영향력 있는 기독교 교리 책으로 인정받고 있다.

주지하다시피 계몽주의에 와서는 신앙도 '머리'로 생각해 보고 합리적으로 타당한지를 따져보고 믿는 것이 되어버렸다. 그리고 역사비평이라는 학문이 성경의 절대권위를 부정하게 되어, 기독교가 유일성의 종교라는 데에 의문을 제기하였고, 결국은 인간 이성 중심의 기독교, 이신론, 더 나아가 자유신학의 토대를 마련하게 되었다.

이에 반해 이런 계몽주의의 반대 조류로 나타난 18세기 경건주의는 이성과 '머리'로서의 신앙보다 감정 혹은 '가슴'으로의 신앙을 강조하게 되는데, 이 경건주의 이후 독일의 '질풍노도' 문학 사조나 곧 이어 고전주의와 병행해서 등장하는 낭만주의가 이러한 경향의 맥을 잇게 된다.

이런 측면에서 슐라이어마허의 사상도 이러한 기초 위에서 출발한다. 즉 그는 직관을 통하여 신을 알 수 있다고 생각했고, 그는 인간이 가지고 있는 근본적이며 보편적인 인간 감정, 곧 실재 전체에 대한 의존 감정에 주목하게 된다. 즉 하나님에 대한 권위적 명제가 신학의 근거가 되기보다 인간의 경험, 특히 절대 의존 감정이 그 근본이 될 때 해결할 수 있는 것이라고 주장했다. 종전의 전통적 신학이 초자연적으로 계시되는 '위로부터 신학'이라면, 계몽주의 신학은 인간의 하나님에 대한 합리적 성찰로 '아래로부터'의 신학이라고 보았을 때, 슐라이어마허는 신학을 하나님에 대한 인간 경험의 인간 성찰로 간주했는데, 그가 말하는 '감정'은 어떤 길고 심오한 의식으로서 이러한 종교적 감정이 인간 경험 안에 존재하는 보편적인 것으로 보았다.

여기서 이러한 감정을 슐라이어마허는 경건이라 불렀고, 이 감정(경건)은 이성이나 양심과 같은 다른 양상으로 환원될 수 없다고 한다. 즉 이성과 양심에 의해 과학과 도덕이 발생한다면 경건은 종교를 낳는다고 말한다.

슐라이어마허가 말하는 경건한 자기의식이란, 그리스도 신앙의 자기의식을 말하는 것으로, 스스로 생각하는 인간이 아니라 하나님 관계 속에 있는 자기의식으로서 죄와 은총의식에 의해 새겨진 그리스도교 신앙을 말한다.

이러한 슐라이어마허의 해석학적 방법과 그 사유는 현대신학의 아버지라고 불릴 만큼 현대 신학에 절대적 영향을 미친다.

하지만 복음주의 입장에서 볼 때 슐라이어마허는 후대에 많은 찬사와 비판을 동시에 안고 있다.

여기서 슐라이어마허가 지닌 교리 주장의 비판적 부분들을 정리해 보면 다음과 같다. 우선, 성경이 초자연적인 영감으로 씌어졌거나 무오하다고 생각하지 않았다. 즉 그에게 성경은 절대적 권위를 가지는 게 아니라 상대적 권위를 가진다는 것이다.

둘째, 슐라이어마허가 재구성한 신론에서 볼 때, 하나님에 의한 그리스도인들의 절대의존 감정에 의해 결정된 것이지, 생동의 주체이나 객체일 수 없는 분이라는 것이다.

또 슐라이어마허는 기적의 현실성과 중보 기도의 효과를 부정했다. 그는 초자연적인 것에 대한 전반적 생각은 위험한 것으로 간주했고, 삼위일체의 교리에 문제가 있다고 했으며, 「신앙론」 마지막에서 삼위일체론이 아니라 하나님의 사랑과 지혜에 관한 고백을 강조한다. 즉 그는 그리스도의 성령도 하나님의 사랑과 지혜의 대상으로 본다. 하나님의 인격과 초월성의 만유재신론적 특징을 말했기 때문에, 그 뒤를 따르는 많은 자유주의 기독 사상의 모형이 되고 있다.

셋째, 슐라이어마허는 전통적인 성육신의 교리를 거부하고 그 대신 직관적 '하나님 의식'이라는 경험에 기초한 기독론으로 대체했다. 즉 예수 그리스도의 인성, 신성 두 가지 소유의 특징을 부정하고, 예수 그리스도가 인간들과 같으며, 다만 절대적 하나님 의식을 갖고 있다는 데에 차별성을 찾아볼 수 있다는 것이다.

이러한 슐라이어마허의 신학 사상에 가장 반기를 든 사람이 칼 바르트였다. 바르트는 슐라이어마허의 신학이 지나치게 인간중심적이며 결국 하나님의 초월성을 부정함으로써 하나님이 죽었다는 노선을 현대신학에 물려주었다고 비판하고 있다.

결국 슐라이어마허가 예수의 신성을 부정하고, 단지 예수의 신성은 신자 각자 속에 나타난 하나님 행동이라고 보는 '기능적 기독교' 사상의 원형이 생겨나게 된다.

하지만 슐라이어마허 사상에 대한 오해도 많다. 이를테면 그의 신학의 특징을 근대적 주체로서의 전환이라는 주장은 잘못이다. 왜냐하면 슐라이어마허에게는 그리스도론을 전개함에 있어 '은총의 전달'(소통) 개념, 곧 공동체가 의미를 갖는다. 따라서 슐라이어마허 신학의 특징은 그리스도에 기초한 공감과 대화 가능한 공동체의 개념이 중요한 것이다. 이런 차원에서 슐라이어마허가 개인적인 감정만을 강조한 신학자로 단순화 시키는 것은 위험한 생각이다.

이처럼 여러 가지 비판적 시각에도 불구하고 슐라이어마허 신학이 오늘날 시사하는 바가 적지 않다. 특히 슐라이어마허는 서양 신학사에서 신학의 방법을 근대학문의 방법에 따라 세우고 그리스도교 신앙을 공감과 대화의 인간학적 주체성의 이론을 통해 재구성한 인물이다. 다시 말해 슐라이어마허에게서 신학적 자유주의의 소지가 있지만, 이것만을 부각시킨다고 하면, 그의 신학적인 깊이와 넓이의 가치를 그릇되게 평가할 수 있다.

특히 슐라이어마허가 보여주는 소위 감정신학은 소통과 동감을 필요로 하는 오늘 이 시대에 더욱 중요성을 갖는다.

3. 감정에서 '동감'(혹은 '공감')으로

앞서 살펴본 대로 슐라이어마허는 경건주의에 뿌리를 두고 계몽주의 사상을 흡수하였고 그것을 넘어서려고 했다. 그에 따르면 신학적 주체와 기준은 신의 계시보다는 믿는 자들의 경험이 중요하기 때문에 기독교의 어떤 교리보다는 인간의 신에 대한 경험적인 절대감정이 중요하다고 말한다. 하지만 계몽주의자들이 이성의 한계 내에서 모든 것을 가치 판단했다면, 그는 그것도 잘못된 것으로 생각하고 이성적 한계를 뛰어넘어 모든 교리를 비판적 성찰에 의거하여 새로이 표현하려고 한 것이다.

슐라이어마허의 이러한 사상은 낭만주의가 말하는, '자기 창조'와 '자기 부정'의 끊임없는 변증법적 발전을 통해 늘 새로운 해석 가능함을 시사하고 있고, 낭만주의의 중심 사상이 되는 무한성의 열린 형식을 취하고 있다는 것이다. 슐레겔이 말하는 '생성도상'에 있는 열린 개념, 이것이 슐라이어마허와 낭만주의를 이어주는 연결고리가 되고 있다.

슐라이어마허의 감정신학은 현대로 넘어오면서 '공감' 혹은 '동감'의 신학으로 발전하게 된다. 즉 여기서 강조되어야 할 것은 이 포괄적 개념인 감정이, '공감 sympathy' 혹은 '동감 empathy'으로 나아갔다.

'공감'과 '동감'은 유사한 개념으로 때로는 서로 구분하지 않고 사용되기도 하지만, 자세히 살펴보면 서로 간 약간의 차이를 보인다. 시대적 차원에서 볼 때 '동감'의 개념은 유럽의 18세기 계몽주의 시대에 유행한 반면, '공감'이라는 개념은 19세기 말에 등장한 것으로 '동감'보다는 더 포괄적이다.

이 두 개념이 유사한 의미로 사용되지만, 굳이 구별해 보자면 다음과 같은 차이를 드러낸다.

우선 '동감'은 헬라어 sympatheia에서 유래했으며, 이는 함께 syn(함께) pathos(정념, 열정, 감정, 고통 등)으로 결합된 합성어이며, 이는 도덕 감정을 논의하는 과정에서 철학 혹은 심리학적 장에 차용

된 용어이다. 한편 '공감'은 헬라어로 empatheia인데, 이는 '안 en'으로 들어가서 느끼는 '고통이나 열정 pathos'을 말한다. '공감'에서 감(感) pathy은 타인이 겪는 고통의 정서적 상태로 들어가 타인의 고통을 자신의 고통으로 느끼는 것을 뜻한다. '공감'은 독일어로 '감정이입 Einfühlung'인데, 이것도 '들어가 ein' '느낀다 fühlen'는 것이다.

'동감'이 그냥 이성적으로 객관화하는 단계라면, '공감'은 더 적극적으로 자아와 타자가 하나가 되는 경우이다. 예수처럼 약하고 병든 자들에 대한 관심은 이 '동감'에 머물지 않고 '공감'으로 나아간다는 것이다. 이를테면 예수께서 병자들을 민망하게, 불쌍하게 여기셨다는 것은 그냥 감정으로 느끼는 차원이 아니고 그 곳으로 참여하여 들어가심, 즉 '공감'을 말한다. 즉 'believe God'이 아니고 'believe in God'인 것이다. 우리가 기도나 신앙생활을 할 때 또는 장애인들에 상담을 할 때, 그냥 동감의 차원보다 공감함에까지 나아가야 하는 것과 마찬가지이다.

이성만으로만 인간자신의 행위의 동기가 될 수 없다고 말하면서 감정우위론을 강조한 흄[3], 공감이야 말로 인간의 도덕성에 기초한다고 말한 아담 스미스[4], 하나님과 공감적 일치가 바로 경건이라고 외친 헤셸[5] 등이 바로 이러한 공감 신학을 발전시키는데 중심이 되었던 인물이다.

공감은 3개 층위로 나눌 수 있는데, 하나님(삼위) 상호간의 공감, 하나님과 인간 간의 공감, 그리고 인간 상호간의 공감이다.

첫 번째 공감의 원리는 본질적으로 삼위일체 하나님의 상호성 내지 공동체성에 기초하는 것으로, 하나님의 공감적 공통체인 최초의 사회가 되는 것이다. 즉 성자 하나님은 성부 하나님 안에 있듯, 성령, 성자, 성령의 상호 침투, 상호내주, 상호 내재한다는 것이다.

두 번째 공감 원리는 가장 높은 수준에 해당하는 십자가 사건의 감정합일을 말한다. 출애굽기 2장과 3장 (특히 2장 23절, 24절, 25절)에서 인간에 대한 하나님의 공감을 읽을 수 있는데, 이스라엘 민족의 탄식 소리를 하나님이 들으시고 긍휼히 여기는 마음을 가지는 것이 공감 상태를 의미한다.

셋째 공감 원리는 인간 상호간에 있어, 특히 타자 수용, 타자를 위한 실천을 위한 크리스천의 삶에 근거한다. "하나님이 우리를 사랑한 것 같이 우리도 이웃을 사랑해야 한다"(네 이웃을 네 몸같이 사랑하라, 요 13:34-35)는 것이고, "즐거워하는 자들로 즐거워하고 우는 자들로 함께 울라 서로 마음을 같이 하며 높은데 마음을 두지 말고 오히려 낮은데 처하며 스스로 지혜있는 체 말라."(롬 12:15-16) 이 세 번째 공감원리, 즉 이웃 사랑을 가장 잘 보여주는 사건 중 하나가 '선한 사마리아 사람'일 것이다. 이 공감 층위는 우리가 실천해야하는 기독교의 가장 중요한 덕목 가운데 하나일 것이다.

이런 관계를 윤원근은 다음과 같은 도표로 잘 나타내고 있다.[6]

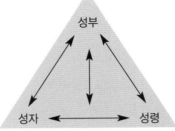

동감의 원리에 근거한 하나님 나라 모형도

성부

성자   성령

동감의 교제(수평적 초월의 영성)
인간들 사이의 상호작용 원리로서의 동감

  하나님은 동감(공감)의 원리에 따라, 인간과 관계를 맺는다는 사실, 그래서 의로운 재판관인 동시에 자비로운 아버지로서 인간과 상호작용한다. 하나님과 인간은 주인과 종의 관계가 아니라 인격과 인격으로 대변하면서 친구처럼 서로 마음을 나누는 관계를 맺고 싶어 한다.

4. 경건의 공감적 요소

  21세기를 살아가는 오늘날, 상상력이 요구되는 이 시대에는 지(知) 못지않게 정(情)이 매우 중요하다. 왜냐하면 지식과 정보의 다양성과 보급성에 비해, 인간의 정신과 인간적 정을 나누기가 쉽지 않게 되었기 때문이다. 오늘날 인간은 지나친 다원화와 무관심 때문에 자신의 정체성 찾기가 더더욱 힘들어졌으며, 특히 이러한 상황에서 인간 서로간의 정과 사랑은 메마르게 되었고, 인간 각자의 개인주의가 심해져 자신의 세계에 갇힌 속에서 살아가는 형국이 되었다.

이에 따라 정신 질환(장애)을 겪는 사람들을 도처에 찾아볼 수 있다. 이런 연유에서 괴스바이너Gösweiner는 '긍정적 고독'과 '부정적 고독'으로 나누고,[7] 오늘날 21세기의 고독을 '새로운 고독', 혹은 '절대 고독'이라 하였다.

이러한 상황은 250년 전 신학자, 철학자, 문예학자로 독일에서 활동한 슐라이어마허에 관심을 갖게 한다. 특히 그가 주창한 감정 신학에 새로운 눈길을 돌리게 되는데, 왜냐하면 그가 강조하는 감정의 신학은 이후 현대에 와서 동감, 공감 신학으로 발전하였고, 이러한 감정 중심 신학은 각 개인주의를 넘어선, 고독의 병리를 치유하게 하는 사유지평을 열어줄 수 있기 때문이다. 다시 말하면, 교리화된 지적 수단보다는 성령의 활동을 믿는 정적 수단을 가지고, 현대의 병리현상을 신앙적으로 치유할 수 있기 때문이다. 그리고 예수님이 가르치신 대 계명, '네 이웃을 네 몸과 같이 사랑하라'는 바로 이러한 공감(동감)신학이 지향하는 것이고, 이는 바로 다름 아닌 경건의 실천인 것이다.

즉 슐라이어마허가 감정을 중시했을 때 이 감정과 공감(동감) 신학에서 강조하는 기저는 성경에서 말하는 경건과 관련 있다고 볼 수 있다. 그래서 공감, 동감의 자세야 말로 참된 경건의 실천으로 말할 수 있는 것이다.

"하나님 아버지께서 보시기에 깨끗하고 흠이 없는 경건은 고난을 겪고 있는 고아들과 과부들을 돌보아주며, 자기를 지켜서 세속에 물들지 않게 하는 것입니다."(약1:27)

슐라이어마허도 당시 철학적 지평을 바라볼 때 지적 능력으로 시대변화가 불가능하다고 보았다. 그래서 교리보다는 감정을 앞세우는 감정신학을 내세웠던 것이다. 이것은 당신 경건주의자들이 추구했던 사상과 맥을 같이 한다. 친첸도르프 등 경건주의자들의 사상이 신학으로 발전시키는 데에 한계를 보였다면, 경건주의의 사상을 토대로 하고 있는 슐라이어마허의 감정신학은 후대에 엄청난 영향을 미쳤을 뿐 아니라, 오늘날 감성 시대를 살아가는 현대인에게 매우 중요한 시사점을 제공해 주고 있다. 이는 다름 아닌 경건이라 할 수 있는데, 우리가 겪는 여러 장애(육체 장애, 정신 혹은 지적 장애)나 분노, 감정조절 등 여러 병리 현상에서, 이를 치유할 수 있는 기능 중 하나가 감정 치유라 보고, 이를 뒷받침해주는 슐라이어마허의 감정신학이 오늘날 다시 관심을 끌게 한다.

이와 같이 슐라이어마허가 강조한 감정신학은 현대 문명론에 비추어 공감(동감)신학으로 발전되었다. 즉 현대에 여러 가지 요인으로 인해 나타나는 세계관 변화, 병리현상, 비관주의, 극단적 개인주의 성향 등으로 인해 상호 의존과 상호 견제를 통한 균형, 인간 상호 작용으로서의 원리를 주장하는 것이 공감(동감)신학이다. 윤원근에 따르면 동감 신학은 현대 문명의 탈출구로서 의미를 가지며, 결국 이것은 이 시대의 건강한 기독교적 대안이 될 수 있다는 것이다.

이 동감 혹은 공감 신학은 성경의 영성에 근거를 두고 있으며, 결국 하나님 존재에 대한 믿음의 회복을 최우선 과제로 삼는다. 공감의 학제적 담론에서 공감신학의 실천의 장으로 나아가야 한다고 신문궤는 말하는데[8] 이것이 바로 사랑의 실천행위인 것이다.

모두에서 밝힌 인간 문명의 종말에 서 있는 현대인들은 자족감과 절망감 속에서 여전히 인간 이성의 능력에 기대고 있다. 그러나 이성에 대한 과신도, 이성에 대한 불신도 현대문명의 문제 해결에 도움을 줄 수 없고, 오직 성경의 영성에 뿌리를 둔 겸손한 이성만이 올바른 해법인 것이다.

어떠한 이성적 사고에도 선행하는 것이, 즉각적으로 작용하는 감정적 교감이라는 것이다. 이성은 이 감정적 교감을 발견하고 이것을 잘 제도화되도록 도와주는 조력자일 뿐이다. 더구나 현대에 나타나는 여러 병리현상, 비뚤어진 정서를 해결할 수 있는 것은 지성보다 감성, 혹은 감정이며, 이 감정은 동감 혹은 공감의 차원으로까지 나아가야 한다는 것이다.

지금까지 경건을 개인적인 것으로 축소시키는 경향이 있었다. 하지만 경건은 이러한 제한된 의미보다는 성경에서 말하는 기독정신의 전체 가치로 확대되어야 할 것이다.

5. 나가며

앞서 살펴본 대로 슐라이어마허의 신학사상이 개혁주의적 기본교리에 벗어나는 점도 있지만, 그의 현대신학에 미친 영향은 지대하다 할 수 있으며, 특히 그가 강조한 감정신학은 오늘날 시사하는 바가 적지 않음을 알 수 있다.

이에 대해 심광섭 교수는 슐라이어마허 르네상스를 꿈꾸며 바야흐로 다음과 같이 밝히고 있다.

"슐라이어마허는 복음을 초자연적인 실제로 여겨 하늘에 걸어놓지 않고, 인간의 의식과 삶을 관통하는 구원의 복음을 표현함으로써 같이 느끼고(共感), 느낀 것을 함께 나누는(交感) 공감과 대화를 불러일으키고자 했다.... 그는 외롭게 고통을 호소하는 타자들과 공감하고 소통되는 복음을 서술하고 궁극적으로 그리스도를 통하여 변화된 인격체들의 교회 공동체로서 표현하고자 했다." 9)

오늘날 이 시대에 우리가 취할 수 있는 신앙방편의 키워드가 '경건'이라 한다면, 이는 이성의 원리에 선행하는 감정에서 발견되며, 이것은 슐라이어마허의 감정신학 사상에서, 또 공감(동감)신학에서 찾아볼 수 있는 것이다.

여기서는 이러한 해법으로 감정에서 동감 혹은 공감으로의 이행을 제시하였다. 다시 말해 타인에 대해 그저 객관적으로, 이성적으로 느끼는 차원이 아니라, 그 타인의 마음으로 들어가서 '그들과 함께 울고 그들과 함께 웃는' 공감의 신학으로까지 발전해야한다는 것이다.

예수님 당시 율법주의로 굳어져 있던 바리새인들을 질책하고, 그 밭을 갈아엎어 '공감'을 만들어 내었던 예수가 그랬고, 중세의 교리가 성경의 권위보다 앞서서 진리가 왜곡되었을 때, sola scriptura를 들고 나와 종교개혁을 실천하려 했던 루터가 그랬으며, 루터 이후 150년 지난 후 또 다시 루터 교도들의 교리중심 세계관을 비판하고 가슴의 신학을 외쳤던 친첸도르프도 마찬가지로 가슴과 감정의 신학을 강조하였던 것이다. 이 모든 것의 뿌리가 낭만주의적 사유를 감정의 절대의존을 주창한 슐라이어마허의 신앙 혹은 세계관이 바로 '내 이웃을 내 몸과 같이 사랑하라는' 동감(공감) 사상을 말하고 있다는 데서 출발하고 있음을 알 수 있다. 바로 이것이 현대에서 요구하는 경건의 실천이며, 오늘날 크리스천에게서 경건의 삶을 살아내는, 그것이 요구되는 것도 이러한 연유 때문이다.

참고문헌

성순석(2018): 현대신학과 신학자, 알파와 오메가, 서울.

신문궤(2016): 공감의 학제적 담론에서 공감신학의 실천으로, 신학과 실천, 서울.

심광석(2016): 공감과 대화의 신학, 2. Aufl. 신앙과 지성사, 서울.

윤원근(2014): 동감신학, 한들출판사, 서울.

정인모(2018): 계몽과 경건의 변증법– 18세기 독일 사상의 지형도, 기독교학문연구회, 제 23권 제 3호.

정인모(2018): 경건의 후예들, 꿈과 비전, 서울.

정인모(2012): 독일문학 감상, 새문사, 서울.

Bortenschlager, Brenner(1978): Deutsche Literaturgeschichte, 19. Aufl. Wien.

Dooyeweerd, Hermann(1960): In the twilight of western thought, Philadelphia.

Schleichermacher, Friedrich (Hg. v. H.R.Mackintosh /J.S.Stewart)(1928): The Christian Faith, London.

주석

1) 제 1회 미쏘마 포럼 때 필자의 강연의 주제가 "계몽과 경건의 변증법– 18세기 독일 사상의 지형도"였다.(2018)
2) 이성과 감성의 쟁탈전에서 이성중심의 철학은 플라톤과 아리스토텔레스 이후 칸트에 이르기까지 줄곧 우위를 차지해 왔다.(특히 학문영역에서 지성의 우위가 두드러졌다.) 하지만 흄, 스미스, 쇼펜하우어, 셸러 등에 의해 강조된 감정우위론이 제기되었고, 이로써 이성과 감정의 균형과 조화의 시도가 있어왔다. 신문궤: 공감의 학제적 담론에서 공감신학의 실천으로, 〈신학과 실천〉 52권 52호, 2016, 829쪽 참조.
3) 타자에게 공감하지 않을 수 없는 성향을 말하는 흄의 공간의 원리에서 도덕적 감정을 쉽게 찾을 수 있다. 신문궤(2016): 공감의 학제적 담론에서 공감신학의 실천으로, 신학과 실천, 서울 834쪽.
4) 공감이란 엄밀하게 말하면 행위자와 제 3자의 감정일치를 의미한다. 신문궤, 844쪽.
5) 하나님은 정념과 공감을 통해서 인간을 만난다고 한다. 신문궤, 844쪽.
6) 윤원근(2014):동감신학, 서울 348쪽.
7) 괴스바이너는 긍정적 고독은 '자신과 하나 됨 Eins–Sein mit sich'으로 보고 '부정적 고독'을 '배버려짐의 주관적 감정 subjektivem Gefühl der Verlassenheit'로 보았다.
   Friederike Gösweiner: Einsamkeit in der jungen deutschsprachigen Literatur der Gegenwart, Innsbruck 2010, 69쪽 참고.
8) 신문궤, 852쪽.
9) 심광석(2016): 공감과 대화의 신학, 2판, 신앙과 지성사, 서울 15쪽.

(제 3회 미쏘마 포럼 발표, 2019)

큐티와 말씀의 역동성

"하나님의 말씀은 살아 있고 활력이 있어 좌우에 날선 어떤 검보다도
예리하여 혼과 영과 및 관절과 골수를 찔러 쪼개기까지 하며
또 마음의 생각과 뜻을 판단하나니..." (히4:12)

1. 들어가는 말

'Gotte Wort bewegt! 하나님 말씀이 움직인다.' 하나님 말씀
인 성경이 우리의 삶이나 공동체 속에 역동적으로 살아서 움직여야
한다는 것은 누구나 다 중요하게 생각할만한 사실이다. 이렇게 살
아 있는 역동성이야 말로 우리 신앙생활의 기저를 이루며, 우리의,
혹은 공동체의 신앙이 살아 있는지 죽었는지에 따라 신앙생활의 승
패가 달려 있는 것이다.

움직임 Bewegung은 최근 흔히 회자되는 모빌리티 Mobilität 개
념과 관련지어 생각해 볼 수 있다. 모빌리티라는 용어는 공간에서
의 이동을 말하는 것으로, 이는 한 장소에서 다른 장소로의 단순한
공간이동이 아니라, 어떤 목적성, 수월성 등을 수반한 이동 개념이

라 할 수 있다. 흔히 요즘 우리가 볼 수 있는 이민, 난민의 이동을 비롯해서 휴가 등으로 인한 많은 사람들의 공간 이동 자체를 모빌리티의 일환이라고 볼 때, 이 모빌리티는 하나의 사회, 정치, 역사, 문화적 현상 혹은 기류를 동반하게 되고, 따라서 이 개념은 어느 한 학문에 갇혀있는 개념이 아니라 통섭적, 융합적 의미를 수반하게 된다.

여기서는 모빌리티를 역동성을 전제로 한 개념으로 보고, 큐티 활동에 나타난 모빌리티, 즉 하나님 말씀의 역동성에 대해 알아보려고 한다. 큐티 QT란 알려진 바대로 콰이어트 타임 quite time의 첫 글자를 딴 약자이다.[1]
다시 말해 '고요한 묵상 시간'을 가지는 것이 현대인들에게 매우 중요하다고 보며, 여기서는 이 큐티를 통한 모빌리티의 실천적 의미를 부여해 보기로 한다.

하나님 말씀 자체가 발이 있고 역동성이 있어서 정체되어 있지 않고 온 지구 위아래로 움직여왔다. 물론 아직도 하나님 말씀을 접하지 못한 미전도 종족이 남아 있긴 하지만, 지구상 대부분 지역이, 활발하든 안하든, 생성하고 역동하는 말씀은 우리의 온 몸을 적시며 우리 생활을 주관하며, 이 역동성은 전 지구에 미치게 된다.
여기서는 우선은 큐티가 생성된 배경을 독일 경건주의 전통 속에서 살펴보고, 큐티의 현재적 의미, 그리고 큐티의 교재 선정과 방법에 대해 알아본다. 이러한 시도는 큐티를 통한 하나님 말씀의 모빌리티를 알게 하는 통로가 될 수 있다.

2. 큐티와 경건주의 전통

성서의 권위 회복 운동은 일차적으로 16세기 종교개혁 시기에서 생겨났다고 할 수 있다. 중세에 교리를 지나치게 중시한 결과로 성경의 권위가 위협 당했고, 이를 다시 회복하고자 했던 사람들이 종교개혁자였다.

성서를 제대로 아는 것이 중요했기 때문에, 민중들이 읽을 수 있도록 라틴어의 성서를 자국어로 번역하려는 시도가 있었다. 일찍이 이탈리아어로 번역 시도한 왈도 Waldo가 그랬고, 위클리프 Wicliff 는 영어로, 후스 Hus는 체코어로, 루터 Luther는 독일어로 성서를 번역하였다. 이것의 목표는 다른 곳에 있는 것이 아니라 오로지 하나님 말씀에 대한 권위 회복을 위해 성서를 민중들에게 읽히도록 하는 데 있었다.

성서를 연구하고 묵상하는 소위 성서공부 모임은 18세기 경건주의에 와서 강조된다. 즉 소그룹 모임으로 명명되는 모임은 경건주의 운동의 핵심을 이루며, 하나님 말씀의 역동성과 생활 속에서의 영향, 그에 이어지는 살아 있는 크리스천의 삶이 강조되었다.

경건주의 운동의 효시로 일컬어지는 슈페너는 가톨릭의 고해성사를 대체하는 성격의 소그룹 모임을 시작했는데, 이 소그룹 모임의 신학적 의미는 '만인제사장주의'가 바탕이 된다. 슈페너의 대표작 『경건한 소원들』의 핵심을 이루는 내용은, 1) 가정생활과 전통적 설교를 벗어난 성경의 폭 넓은 활용, 2) 루터가 가르친 '영적인 제사장직'의 확립과 시행, 3) 사랑의 실천과 선행의 종교로서 기독교 강조, 4) 종교적 논쟁보다 경건을 지향하되 논쟁 시에는 기도와 온유한 정신의 필요성 강조, 5) 성경, 경건서적, 집회를 통한 목회자들의 경건훈련 강조, 경건성과 거룩한 삶을 지향하는 설교 강조 등이다.

소그룹 모임, 성경 공부, 경건 강조, 말씀의 체화, 말씀의 살아있음 등, 이 모든 것이 의미하는 것은 결국 말씀의 모빌리티, 즉 역동성이다. 그는 '작은 교회 구조', '경건 모임'은 교권주의를 중시한 가톨릭에 대항한 성서권위 회복, 영적 권위의 회복이었던 것이다. 그래서 평신도들의 역할을 성직자에 상응할 정도로 높이려고 했고, 이를 위해서는 성서를 제대로 알고, 그것에 의해 감동받아, 삶을 바꾸는 데까지 나아가야 하며, 이러한 것이 만인제사장직을 이루는 선결과제라 생각했다.

한편 경건주의 2세대에 해당하는 아우구스트 헤르만 프랑케는 소그룹 모임을 성경공부 모임으로 발전시킨 사람으로, 모두가 성경 해석자가 되어야 하며, 이를 위해서는 교육이 가장 중요하다는 것을 역설했다. 그는 할레 대학에 교편을 잡았는데, 당시 할레 대학에 계몽주의자들의 이성 중시 물결이 들어오자, 이에 대항하는 노력을 아끼지 않았다. 다시 말해 계몽주의자들의 이성과 합리성 강조에 맞서 경건주의는 하나님이 주시는 계시와 체험을 중시한다. 하나님 말씀의 실천적 삶을 위해, 기독교적인 양육, 영적 제사장으로서의 책임이 강조되는데, 이것은 말씀의 권위를 회복하고 생활 속에서 말씀이 역동성 있게 작동하는 데에 중점을 둔다는 의미이다.

　그 다음 경건주의 운동을 꽃 피운 사람이라 일컫는 니콜라스 루드 비히 폰 친첸도르프는 위의 두 사람 못지않게 말씀을 통한 감성적 영적 운동을 강조한 사람이라 볼 수 있다. 루터교의 경건주의 전통 가정에서 태어나서 할레의 프랑케 경건주의와 경건주의 원조이자 영적 삶을 강조한 슈페너의 영향을 받은 친첸도르프는 귀족으로서 당시 종교 탄압 등으로 이주해 온 여러 집단의 단체[2]를 수용하여 헤른후트에 모라비아 공동체를 설립하게 된다. 모라비아 공동체는 부패한 가톨릭 교회 개혁을 요구하며 경건한 공동체를 만들려고 했다. 그는 '교회 안의 교회 ecclesia in ecclesia'를 시도하며, 신자 개개인의 영성 회복을 크리스천의 가장 중요한 실천적 사례로 보았다.

　친첸도르프의 헤른후트의 업적에는 여러 가지가 있지만[3], 무엇보다 중요한 것은 개인의 신앙의 영성을 강조한 것이다. 그래서 성경공부와, 우리가 지금 논의하는 큐티가 신앙의 본질처럼 강조되었다. 지금도 독일 기독 가정에서 아침마다 읽히는 로중 Losungen이 헤른후트에서 발간되는 것을 보면, 이 큐티의 뿌리가 경건주의 전통에서 나온다는 것을 확실히 알 수 있다.

　친첸도르프의 소위 '가슴의 신학 Theologie des Herzens'은 감리교 창시자인 존 웨슬리 John Wesley에게 큰 영향을 주었다.

　친첸도르프는 예수님과 동행하는 삶이 어디에 달려있는지를 분명히 알고 있었다. "주님, 당신의 말씀, 고귀한 선물, 이 보물을 나에게서 지키게 하소서. 왜냐하면 나는 이것을 모든 소유보다, 거대한 부보다 더 귀하게 여기기 때문입니다. 만약 당신의 말씀이 더 이상 가치가 없다면 그 믿음은 어디서 찾아야 하나요? 세상보다는 당신 말씀이 몇 천배나 중요합니다."[4]라고 하면서, 그는 하나님 말씀의 역동성을 강조하고 있다.

3. 하나님 말씀과 큐티

큐티가 하나님께 대한 예배라 할 수 있을까?

김형민 목사는 오늘날 교육의 중심에 있는 예배에 대한 성경적 고찰의 필요성 요구에 대해, 오늘날 주님이 원하시는 참된 예배는 주일 공동체 예배 외에 삶의 예배와 개인 예배가 동반되어야 함을 말하면서, 예배를 다음 3가지로 나누고 있다.[5]

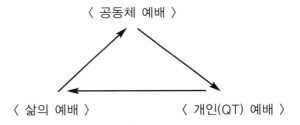

그래서 김형민 목사는 참된 예배가 주일날 공동체 예배에서만 이루어져야 하는가라는 질문을 던지면서, 삶의 예배와 개인 예배가 없는 공동체 예배는 온전한 예배로서 부족하다고 말하고 QT의 중요성을 강조하고 있다. 즉 교회 밖에서 대부분 시간을 보내고 있는 학생들에게는 가정, 학교, 학원 등에서 예배하는 법을 가르쳐야 한다고 주장한다. 이런 의미에서 큐티는 개인 예배에 매우 중요한 기능을 담당할 수 있을 것이다.

지금까지 큐티의 역사나 중요성에 대해 간략히 살펴보았다면, 이제 실제로 큐티를 하고 있는가, 하나님 말씀이 오늘 이 시간에 내 마음과 생각과 생활에 영향을 미쳐, 하나님의 선한 영향력 아래 살아가는 가를 알아보는 것이 중요하다.

그러기 위해서는 앞서 언급한 여러 큐티 교재 중에서 나에게 맞는 ('맞다는 말'은 은혜를 주는 말씀) 교재를 선정하여 열심히 또 꾸준히 읽는 것이 중요하다.

그런데 큐티를 할 때 성경을 자의적으로 끌어들이는 것은 경계해야한다. 디모데후서 3장(15-17절)과 베드로후서 1장(19-21절)에서 강조되듯이, 여기서 벧후1:20의 말씀("먼저 알 것은 성경의 모든 예언은 사사로이 풀 것이 아니니")을 주목해 보면, 큐티가 혹시 사사로운 해석으로 나갈 위험성을 경계해야 한다. 따라서 큐티 교재의 중요성을 인식할 때, 검증된 큐티 자료를 택하는 것이 매우 중요할 것이다.

그러면 큐티는 어떻게 하는 것이 좋을까?

우선 다음 장에서 알아볼 무터하우스의 교재는 큐티하는 방법을 이렇게 제시하고 있다.[6]

1) 하나님께서 오늘 나에게 어떤 말을 하실까? 라는 단순한 질문을 가지고

2) 본문을 읽지만, 본문 외에 관련된 말씀을 함께 읽어 더 깊이 묵상하고

3) 자신에게 감동을 주는 부분을 기록하여, 하나님과 나와의 기록문(다큐멘트)을 남겨두는 것도 좋고

4) 읽기 싫을 때도 억지로라도 읽는 습관 가지고

5) 낯설거나 이해하기 힘든 부분이 혹 나오더라도 지치지 말고

6) 어떤 일이 일어나더라도(죄의식 등) '하나님에게 나는 늘 환영 받을 존재' 라는 것을 인식하기

한편 김형민 목사는 준비된 큐티가 성공적임을 강조하면서, 성경 묵상을 하려면 우선 말씀의 권위를 인정하고 순종하려는 의지와 마음Mind이 있어야 하고, 적는Memo 훈련, 그리고 깊이 있게 묵상하는 태도(묵상이란 말씀에 반응하고 행동하기 전에 깊은 생각을 하는 것이기 때문)가 필요하다고 강조하고 있다.

이에 반해 준비가 안 된, 무늬만 성경 묵상인 것으로, 1) 교재를 읽고 끝내는 것, 2) 하나님과 만나려는 사모하는 마음이 아니라 숙제하는 마음으로 하는 것, 3) 삶에 적용하지 않는 QT, 이를 테면 지식적 이해를 위한 성경 읽기 같은 것을 들고 있다.

어쨌든 QT를 성공적으로 하기 위해서는, 마음으로 말씀을 묵상하고 하나님의 부르심의 뜻을 찾아야 하며, 하루의 운세처럼 보는 것이 아니라 매 순간 순간, 하루하루의 하나님 뜻을 발견하고, 이 말씀을 역동적으로 생활 속에 실천하는 것이 중요할 것이다. 왜냐하면 하나님 말씀의 특성은 단순히 정보를 제공해주는 것이 아니라 사람을 '바꾸는 transfomational' [7]역할을 하기 때문이다.

그런데 큐티하는데 정해진 장소나 책(교재)이 꼭 있어야 하는가?

물론 규칙적으로 묵상의 공간을 확보하는 것이 중요하지만, 오늘을 살아가는 현대인들에게는 그러기가 쉽지 않다. 그래서 메스미디어가 발달한 현대에 와서 어떻게 성경을 전달, 이해하는 가가 중요한데, 이를테면 SNS를 통한 나눔이다. 즉 SNS를 통한 소통으로 큐티 말씀도 어디서나 묵상하게 하는 것도 효과 있는 방법이 될 것이다. 성경은 단차원적으로 진리를 전하지 않고, 어디서나, 어느 때이든지 말씀은 역동성을 가지고서 우리의 모든 면에 영향을 미칠 수 있는 것이다.

현대를 살아가는 우리는 좀처럼 Quite Time을 확보하기가 쉽지 않지만 QT는 선택사항이 아니라 필수 사항이다. 왜냐하면 하나님 말씀의 꼴이 우리 몸에 체화되어 성령 충만하지 못하면 이 복잡하고 어려운 현실을 이겨낼 재간이 없기 때문이다.

4. 큐티 교재 – "Zeit mit Gott"

국내외에서 큐티 교재들이 이미 많이 출판되고 있어 우리나라에서 큐티하는 데에는 전혀 어려움이 없다. 성경이 없어 하나님 말씀을 제대로 접하지 못했던 불과 500여년 전과는 완전히 다른 형국이다. 지금 이 시대는 마음만 먹으면 큐티를 할 수 있고, 이미 많은 크리스천들은 나름대로 큐티 생활을 하고 있을 것이다.

국내 큐티 교재는 수 없이 많다. 그 중에서 대표적인 것으로는 '매일성경'(성서유니온)과 '생명의 삶'(두란노) 등이 있고, 각 교육단체나 대형교회, 의료기관 자체적으로 나오는 교재도 많다.

청소년이나 어린이를 위한 큐티 교재도 있다. 이를테면 '어린이 매일성경'과 '청소년 매일성경'(성서유니온), 큐티 스타트(성서유니온), 큐티세미나 초급반(두란노)가 대표적이다.

미국 등 기독교 전통을 가진 국가에서는 자국어로 된 큐티 교재가 물론 있다. 한인교회인 경우에는 주로 한국 출판사에서 나온 교재를 쓰고 있지만, 미국 내 출판물을 사용하는 경우도 많다.

개신교의 출발이 된 독일의 경우를 보면, 독일에서 대표적인 큐티 교재로는 '로중 Losungen'과 '하나님과 함께 하는 시간 Zeit mit Gott'을 들 수 있다. 이 교재들은 독일(혹은 독일어권인 스위스, 오스트리아)의 많은 크리스천들이 사용하는 것으로, 매일 매일의 영적 에너지를 공급해주는 역할을 한다.

앞서 언급한 대로 묵상집 로중의 역사는 18세기까지 거슬러 올라간다. 그리고 앞서 언급한대로 로중은 친첸도르프가 세운 헤른후트 공동체에서 현재까지 발간되고 있다. 개신교 역사상 가장 오래된 말씀 묵상집인 '헤른후트 로중'은 오늘날에도 독일 개신교 신자들의 아침 식사시 주 메뉴로 자리하고 있다. 이 로중은 2020년 기준 전세계 68개 언어로 번역되고 있고 전세계 100여 개국에 보급되고 있다.

독일 제 3제국 시기 순교자로 유명한 디트리히 본회퍼 Dietrich Bonhoeffer는 처형당한 날 아침까지 로중 말씀을 하루의 슬로건으로 삼았다는 일화가 있다. 사형수로 죽음을 기다리면서 본회퍼가

의지할 수 있는 힘을 주며 지탱하게 해준 힘은 다름 아닌 하나님의 말씀이었던 것이다.

지금 이 로중의 한국어 번역본이 KD 디아코니아에서 나오고 있으며, 2020년에 12번째 번역본이 출판되었다. 290년의 역사를 가진 헤른후트 공동체는 여러 공동체에서 몰려든 지파들을 하나님 말씀으로 하나 되어 묶을 필요가 있었으며, 이때 하나님 말씀을 제비 뽑아 그 말씀을 집중적으로 묵상하여 은혜를 서로 나누는 체제였다. 제비를 뽑는다는 자체가 신비주의적인 면도 있긴 하지만 깊은 기도와 묵상을 하여 말씀의 깊은 뜻을 발견한다는 입장에서 의미를 갖는다.

헤른후트 기도서인 로중은 개신교 최고의 기도서로서, 1731년 이래 한 번도 거르지 않고 지금까지 출판되고 있다. 한국 번역본은 하이델베르크에서 신학을 연구한 홍주민 박사에 의해 펴내졌으며, 그는 2018년에는 '디아코니아 기행 – 개신교의 본류를 향하여' 탐방 여행을 시도하기도 했다.

2020년 한국 번역본 서문에서 홍주민 박사는 다음과 같이 밝히고 있다.

"이 로중을 통해 '행동하는 말씀'인 디아코니아가 전해지는 것이다.... 말씀에 깊이 들어가 우리를 움직이시는 디아코노스 주님을 따라가자. 디아코니아는 신앙에 의해 자신을 유보하지 않고 진실하게 사랑을 실천하는 것이다. 이것은 어떻게 가능할까. 바로 '말씀 그리고 하루'를 살아가는 것에서 시작된다."[8]

이에 비해 디아코니센 무터하우스 Diakonissen-Mutterhaus에서 나오는 '하나님과 함께하는 시간 Zeit mit Gott' 묵상집의 역사는 19세기말에 시작된다. 이 큐티 교재는 독일 경건주의 전통을 이어받은 성경 묵상집으로서, 100년 넘는 역사를 자랑한다. 이 책은 원래 게오르크 피반 Georg Viebahn 장군이 묵상 글을 써 오던 것을 그의 딸 크리스타 피반 Christa Viebahn이 이어받았고, 오늘 날에는 레기네 모어 Regine Mohr 팀이 이 교재의 집필을 맡고 있다. 크리스타 피반은 경건주의 창시자라 볼 수 있는 그 유명한 필립 슈페너 Phillip Spener의 후손이며[9], 원래 이 책은 '경건주의 쪽지 Bibellesezettel' 였는데, 최근에 와서 '하나님과 함께 하는 시간' 으로 바뀌었다.[10] 이 묵상집 2019 해당분의 일부분을 필자가 한국어로 번역하여 출판하였으며, 2019년부터 현재까지 필자는 이 묵상글을 매일아침 몇 백명의 신자들과 함께 나누고 있다.

번역자인 필자는 이 큐티 교재의 특징을 다음과 같이 밝혔는데, 이것이 시중의 많은 큐티 책들과 구별될 만한 내용이라 보았다.[11] 우선, '하나님과 함께하는 시간' 은 성경 읽기에 깊이와 넓이를 더해주는 책이다. 다시 말해 이 교재는 단순한 묵상집이 아니라 방대한 신학적 지식과 틀 속에서 성경 말씀을 은혜스럽게 잘 풀어나가는 책이다. 신학적 노선은 초교파적이고 전통 복음주의를 지향한다. 둘째, 열흘에서 보름 정도 일정 기간 계속 한 주제를 다룸으로써 깊이 있는 묵상 거리를 제공한다. 셋째, 짧지도 길지도 않는 적당한 분량으로 매일 아침에 읽을거리를 제공하기 때문에 아침에 배달되는 우유처럼 우리에게 영의 보양식을 채워주고 있다.

지금은 필자 외에도 '하함시'라는 이름으로 이 책이 번역되어 나오고 있다. 창간호가 2021년 9월에 나왔는데, 원본을 실시간 번역해서 책으로 낼 수 없기 때문에 할 수 없이 1년 전의 내용을 번역하고 있다. 내용상으로 이 큐티책은 1년 늦게 번역해서 읽어도 전혀 불편한 점은 없지만, 실시간, 아니 독일보다 7~8시간 일찍 SNS로 번역해서 나누는 필자의 번역 내용과는 실시간이라는 기분에서 차이가 날 수 있을 것이다.

'Zeit mit Gott'가 로중과 다른 점이 있다. 로중이 본문을 구약을 제시하고 이 구약 말씀에 맞는 신약 성서구절을 가져오고, 그다음 유명 글귀 등 소개하고 관련 성경 구절을 소개하는 것으로 대략 10행정도 분량을 갖고 있다면, 'Zeit mit Gott'는 본문에 제시되고, 큐티 기록자의 대략 30행정도의 분량으로, 관련된 하나님 말씀 인용과 더불어 마지막에 각자가 적용할 것을 기술하고 있다. 그리고 'Zeit mit Gott'는 본문 내용과 관련된 성경구절이 곳곳에 배치되어 있어, 큐티를 통한 성경 전체의 맥을 잡게 해 준다는 장점이 있다.

5. 나가는 말

큐티와 관련해서 이런 말이 있다. '큐티를 매일 하십니까?'라는 질문에, '그러면 아침을 당신을 거릅니까? 식사를 안 하십니까?'라는 답으로 돌아왔다는 얘기다. 이 말은 큐티가 당연히 크리스천의 생활 속에 있어 큐티에 대해 강조할 필요 없이 당연한 것인데도,

왜 이것을 이렇게 강조하는 시대가 되었는지를 반성하게 한다. 실지로 현대에는 소위 선데이 크리스천, 네임 크리스천이 많아지면서, 크리스천이라고 하면서도 하나님의 말씀을 감격하며 체험하며 참 크리스천답게 살아가는 신자가 많지 않다는 것을 말해 준다.

큐티는 하나님의 말씀의 은혜를 감성적으로 직접 체험하는 작업이라 할 수 있다. 거칠게 말하자면, 루터, 칼빈이 막강한 중세의 종교 권력에 대항할 만한 교리를 강조하여 굳이 지성와 감성으로 나눌 때 지성쪽으로 치우친 감이 있다면, 경건주의는 하나님 말씀을 통한 신앙체험, 더 나아가 생활 속의 변화를 강조하기 때문에 감성쪽을 강조한 면이 있다. 우리의 신앙이 감성과 지성의 균형 내지 조화를 바탕으로 하나님 말씀을 깊이 알고 체험할 때 생명력이 넘쳐날 것이다. 다시 말해 지성과 영성의 균형, 즉 교리와 말씀 은혜의 균형은 매우 중요하며, 이 둘의 균형뿐 아니라, 둘 다가 깊이와 넓이가 더해져, 지성과 영성이 풍부한 삶을 살아간다면 하나님께 큰 영광 돌리는 귀한 삶이 될 수 있을 것이다.

이런 측면에서 교리가 지성의 한 축이라면, 큐티는 하나님 은혜를 역동적으로 체험케 하는 감성적인 동적 축이라 할 수 있다. 이 두 바퀴가 균형 있게 잘 굴러 간다면 어느 누구도 침범할 수 없는 굳건한 은총의 삶을 살아갈 수 있을 것이다.

우리는 지금까지 말씀의 역동성이 큐티를 통해 어떻게 나타나는가를 살펴보았다. 손과 발이 달려 있고, 가슴을 태우는 강렬한 불을

품고 있는 하나님 말씀이, 큐티를 통해 일상의 영적 무기로 자리 잡아, 박제된 신앙생활이 아니라 살아 역사하는 역동적 신앙으로 움직일 때 말씀에 따르는 참다운 신앙생활을 영위해 나갈 수 있을 것이다.

참고문헌

1) 디아코니센 무터하우스(편) (정인모 역)(2019): 하나님과 함께하는 시간, 꿈과 비전, 서울.

2) 정인모(2018): 경건의 후예들, 꿈과 비전.

3) 정인모(2018): 계몽과 경건의 변증법 – 18세기 독일 사상의 지형도, 신앙과 학문 23권 제 3호.

4) 정인모(2020): 먹이시고 입히시나니, 카리타스

5) 정인모(2021): 하나님을 만난 사람들, 카리타스.

6) 헤른후트 형제단(홍주민 역)(2019): 2020 말씀, 그리고 하루. 헤른후트 성경 묵상집. 경기도.

7) 대한예수교장로회총회교육부(2020): 성경으로 교회를 디자인하라, 서울.

8) Hans Brandenburg: Ich habe Durst nach Gott. Aus dem Leben und Dienen von Christa von Viebahn, Aidlingen.

9) Uhrich Wendel(Hg.)(2015): Dem Wort Gottes auf der Spur, SCM.

10) Diakonissen Mutterhaus(2019): Zeit mit Gott, Aidlingen.

주석

1) 큐티는 '고요한 시간', '조용한 시간', 또는 명상의 시간이라 알려져 있지만, 성경에서는 묵상으로 많이 표현된다. 예: "이 율법책을 내 입에서 떠나지 말게 하며 주야로 그것을 묵상하여 그 안에 기록된 대로 다 지켜 행하라." (수1:8상)

2) 헤른후트에는 후스파, 다비드 파 등 많은 지역, 부류들의 신자들이 모였으나, 친첸도르프는 탁월한 영적 카리스마로 이 공동체를 훌륭하게 이끌어 나갔고, 이 영적 통합의 일환으로 로중은 이에 큰 역할을 한다.

3) 특히 선교 활동이 활발하여 선교의 역사에서 모라비아 선교는 매우 중요한 위치를 차지하고 있다.

4) Zeit mit Gott, Diakonissen Mutterhaus, Aidlingen, 2019년 5월 29일 분.

5) 김형민(2019): 말씀을 삶에 적용하는 묵상과 성경공부, in: 성경으로 교회를 디자인하라, 총회교육주제 심포지엄. 대한예수교장로회총회교육부, 90쪽.

6) Zeit mit Gott, Diakonissen Mutterhaus, Aidlingen, 2019, 3쪽.

7) 김상훈(2020): 성경 중심으로 교회교육을 회복하라, in: 성경으로 교회를 디자인하라, 2020 총회교육주제 심포지엄. 대한예수교장로회총회교육부, S. 19.

8) 헤른후트 형제단(홍주민 역): 2020 말씀, 그리고 하루. 헤른후트 성경묵상집. 경기도 2019, 7쪽.

9) Hans Brandenburg: Ich habe Durst nach Gott. Aus dem Leben und Dienen von Christa von Viebahn, Aidlingen, 13쪽.

10) Aidlingen에 있는 Mutterhaus의 도서관에는 1909년부터의 큐티 자료가 소장되어 있다.

11) 디아코니센 무터하우스 편(정인모 역): 하나님과 함께하는 시간, 꿈과 비전, 서울 2019, 6쪽.

(제 4회 미쏘마 포럼 발표, 2019)